11ª edição - Julho de 2022

Coordenação editorial
Ronaldo A. Sperdutti

Projeto gráfico e diagramação
Juliana Mollinari

Capa
Juliana Mollinari

Imagens da capa
Shutterstock

Assistente editorial
Ana Maria Rael Gambarini

Revisão
Alessandra Miranda de Sá
Ana Maria Rael Gambarini

Impressão
Gráfica Paulus

Direitos autorais reservados. É proibida a reprodução total ou parcial, de qualquer forma ou por qualquer meio, salvo com autorização da Editora. (Lei nº 9.610, de 19 de fevereiro de 1998)

Traduções somente com autorização por escrito da Editora.

© 2022 by Boa Nova Editora.

Av. Porto Ferreira, 1031 | Parque Iracema
CEP 15809-020 | Catanduva-SP
17 3531.4444

www.**petit**.com.br | petit@petit.com.br
www.**boanova**.net | boanova@boanova.net

Dados Internacionais de Catalogação na Publicação (CIP)
(Câmara Brasileira do Livro, SP, Brasil)

```
Rosângela (Espírito)
   O difícil caminho das drogas / narrativa do
espírito Rosângela ; [psicografia de] Vera Lúcia
Marinzeck de Carvalho. -- 11. ed. -- Catanduva, SP :
Petit Editora, 2022.

   ISBN 978-65-5806-027-7

   1. Espiritismo 2. Literatura espírita 3. Obras
psicografadas I. Carvalho, Vera Lúcia Marinzeck de.
II. Título.
```

22-116056   CDD-133.93

Índices para catálogo sistemático:

1. Mensagens psicografadas : Espiritismo   133.93

Eliete Marques da Silva - Bibliotecária - CRB-8/9380

Impresso no Brasil – Printed in Brazil
11-07-22-3.000-36.500

Prezado(a) leitor(a),

Caso encontre neste livro alguma parte que acredita que vai interessar ou mesmo ajudar outras pessoas e decida distribuí-la por meio da internet ou outro meio, nunca deixe de mencionar a fonte, pois assim estará preservando os direitos do autor e, consequentemente, contribuindo para uma ótima divulgação do livro.

VERA LÚCIA MARINZECK DE CARVALHO

Narrativa do espírito ROSÂNGELA

O DIFÍCIL CAMINHO DAS DROGAS

Sempre ansiei por estudar. Quando desencarnei, entristeci-me pensando que não ia mais poder fazê-lo. Ainda bem que me enganei. As oportunidades de aprendizado continuam além da morte do corpo carnal. Em todos os momentos e onde quer que estejamos, seja no Plano Físico ou no Plano Espiritual, quando queremos, podemos adquirir conhecimentos.

É sobre um estudo interessante que venho, por meio deste livro, falar a vocês, meus leitores. E é a você, meu amigo ou minha amiga — que aprenderá como eu —, que dedico esta obra, com todo o meu amor.

Rosângela

Outono de 2001

Observação: São muitos os nomes dados às drogas. Por exemplo, houve e há muitos sinônimos para cocaína. Entre os usuários, fala-se muito por meio de gírias, que mudam de tempo em tempo, por isso, não são usadas no livro.

SUMÁRIO

UM 11

DOIS 19

TRÊS 29

QUATRO 41

CINCO 55

SEIS 69

SETE 83

OITO 93

NOVE 103

DEZ 117

ONZE 129

DOZE 143

TREZE 155

CATORZE 167

QUINZE 179

UM

Eu, Rosângela, participava de um curso, no Plano Espiritual, sobre drogas. Ansiava por aprender mais sobre esse assunto e a respeito das consequências do consumo dos tóxicos para encarnados e desencarnados. Estávamos numa sala de aula e ouvíamos, atentos, as elucidações do instrutor.

— *Vocês, meus amigos, estudantes deste curso, espero que não tenham dúvida de que os tóxicos fazem muito mal a todos nós. Quem quiser saber mais, é só pesquisar em livros de ciências e artigos informativos. Esse veneno intoxica a vestimenta carnal, comprometendo muitos órgãos, muitas vezes de forma irreversível.*

— *Foi isso que aconteceu com você, não foi, Carina?* — perguntou Marcelo, em voz baixa, à colega ao seu lado.

— *Foi* — respondeu a garota.

O professor Gabriel, que estava dando aula para nós, uma classe de quarenta e cinco alunos, todos atentos e com vontade de aprender, olhou sereno para os dois que desviaram sua atenção e falou:

— *Aprendemos muito com exemplos. Se for para ilustrar nosso assunto, você, Carina, poderia nos falar de sua experiência.*

Todos aprovaram. Carina olhou para Marcelo, que a incentivou com um sorriso. Ela disse:

— *Tenho aproveitado bem este estudo, é realmente interessante. Cheguei até a pensar que se tivesse esses conhecimentos quando encarnada minha história poderia ter sido diferente. Por outro lado, como Marcelo diz, os encarnados têm acesso a informações, mas quase sempre prestam atenção àquelas que lhes parecem convenientes, àquelas que desejam, não àquelas que necessitam.*

— *Digo isso* — interrompeu Marcelo — *porque desencarnei jovem, não faz muito tempo, e não me envolvi com drogas, apesar das oportunidades. Foram várias as vezes que colegas me ofereceram, na escola e perto de casa. Mas também escutei de amigos que drogas faziam mal e nenhum bem; ouvi palestras no colégio, e meus pais me pediam para eu ficar longe disso. Tive opção, e ainda bem que escolhi o melhor para mim.*

— *Não serve como desculpa para ninguém dizer que não sabe que drogas são prejudiciais. Acho que todos os encarnados sabem que tóxicos fazem mal. Pelo menos deveriam saber que algo tóxico tem o poder de envenenar* — disse Carla.

— *Pelas estatísticas, uma porcentagem pequena de usuários não sabe do veneno contido nas drogas. Grande parte deles ilude-se, pensando que nada acontecerá consigo* — explicou Gabriel.

— *Eu tinha conhecimento de que as drogas eram nocivas, mas achava que o fossem apenas para o corpo físico, desconhecia quanto também são para nosso corpo espiritual. Erradamente pensava, como muitos, que ao morrer ficava livre do vício* — Carina falou e suspirou triste.

Todos estavam olhando atentamente para ela. Mauro José tentou animá-la:

— *Carina, minha colega, não se acanhe, ninguém está aqui para julgá-la. Somos todos jovens, isto é, desencarnamos, por vários motivos, na mocidade. Drogas foram... são do nosso interesse. Eu não me envolvi com tóxicos e me sinto aliviado por isso, mas tenho um primo encarnado que está envolvido, e estou aqui para aprender como ajudar, não somente a ele, mas a outros também. Não me gabo por não ter sido usuário. Não experimentei quando encarnado nem me senti tentado a fazer isso, mas não fiquei isento de erros. Por motivos bobos, provoquei um acidente, queria morrer, e minha desencarnação foi por suicídio. Devo ter sofrido mais ou o mesmo que você. Que pena! Não dei valor à grande oportunidade de estar encarnado.*

— *Você sofreu muito, Mauro José?* — perguntou Larissa.

— *Sofri! A dor maior foi ver, saber, que causei muitos sofrimentos. Meus pais se desesperaram, meus dois irmãos entristeceram-se, todos os meus familiares sentiram. Eu me arrependi. Acho que o remorso é a dor maior que existe. Fiquei sentindo o meu corpo espiritual muito machucado, e foram anos de sofrimento. Agora, sinto-me melhor, quero servir, ajudar, como fui auxiliado, principalmente porque sabemos que há falta de servidores. E aqui estou, aprendendo.*

— *Quando encarnada quis morrer várias vezes, mas não tive coragem de me suicidar. Sofri muito com minha doença, desencarnei e fui socorrida. Entristeço-me quando me lembro que por vezes pensei nessa tolice. Vou pedir, depois que terminar meu estudo, para trabalhar com suicidas nesse campo de socorro, para aprender e nunca mais pensar nessa imprudência* — decidiu Marisa.

— *Imprudência! Acho o suicídio uma ação impensada!* — exclamou Fábio. — *Eu desencarnei num acidente de carro. Foi uma fatalidade! Não tive culpa! Eu não ia em alta velocidade. Outro veículo, que vinha em sentido contrário e corria além do permitido, fez uma ultrapassagem indevida e invadiu o meu lado da pista, vindo em minha direção. Não consegui desviar e em segundos estava aqui, do outro lado da vida. Não queria ter desencarnado, era jovem, acabara de me formar, arrumara um bom emprego e ia ficar noivo. Amava e era amado. Era deficiente físico, andava com dificuldade e tinha problemas no aparelho digestivo. Evacuava com frequência, tinha de usar fraldas. Às vezes entristecia-me com minha deficiência, mas não reclamava. Nem senti meu desencarne, fui socorrido, mereci ser. Mas fiquei inconformado. Um dia indaguei o porquê:*

"— Tantos querem morrer, livrar-se do corpo físico, que até se suicidam. Por que não foi um deles a morrer? Por que eu?

Meu instrutor escutou pacientemente meu desabafo e respondeu, orientando-me:

— *Você aprendeu a amar a vida no período em que esteve encarnado. Isso é bom! Fábio, se recordar sua penúltima encarnação, verá que nem sempre agiu ou amou assim.*

E lembrei-me de alguns fatos, o suficiente para não me queixar mais. Na existência anterior fui sadio, tinha tudo para estar contente, mas, por motivos bobos, me suicidei. Sofri muito! Mas Deus é bondade infinita e deu-me oportunidade de sair daquele sofrimento atroz. Reencarnei e tive um aprendizado de que necessitava. A deficiência ocorreu porque danifiquei outrora o corpo saudável. Agora, dou muito valor à vida, pois aprendi a amá-la."

— Estudando a história da humanidade — comentou Otávio —, tomamos conhecimento de que desde a Antiguidade existem suicidas. Atualmente, temos notado que o número de casos está alto e há muitos jovens querendo fugir da vida física.

— Pensam em acabar com a vida e com os problemas — falou Eunice.

— E a vida é única — disse Magda. — Vivemos encarnados num corpo físico, e, quando este morre, continuamos vivos e passamos a viver no Plano Espiritual; somos, então, desencarnados.

Eu estava muito contente por participar desse estudo e opinei:

— Não é fácil a continuação da vida para os desencarnados que fogem do período em que ficariam encarnados. Além dos problemas não serem solucionados, surgem outros.

— Muitos dizem que o que falta aos suicidas é religião — comentou Sara. — Acho que, se a pessoa é mesmo religiosa, não comete esse ato triste. Fui seguidora fiel de uma religião e isso me fez muito bem. Meus pais me deram amor, conforto, mas a educação religiosa foi o melhor presente.

— Não basta dizer que se tem uma religião. É preciso seguir seus ensinamentos — disse Ricardo.

Carla deu sua opinião:

— Muitos pais não ensinam os filhos a ser religiosos; alguns acham que eles poderão escolher o que seguir quando adultos. Não acho isso certo. Na mocidade é necessária uma orientação que conduza ao amor a Deus, à escolha do caminho certo, para evitar diversos perigos, entre eles o suicídio. Se, quando pequenos, forem criados sem esses ensinamentos, *dificilmente serão adultos religiosos. Crianças e jovens necessitam de um alimento espiritual, de quem lhes dite regras morais do bem viver. Todos nós, em todas as idades, precisamos desse elo com o nosso Criador. É com mais facilidade que encontramos essa ligação na religiosidade. Crianças e adolescentes educados dentro de princípios religiosos poderão escolher, quando adultos, dentre as muitas religiões aquela com qual se identifiquem, para seguir.*

— Infelizmente há os que agem como eu, provocando um acidente. Porém, não se engana a si mesmo — disse Mauro José. *— Todos pensaram que tivesse sido fatalidade. Eu estava deprimido, porque brigara com a namorada e ela arrumara outro. Pensei que, camuflando, enganaria a todos, e aqui, no Plano Espiritual, não existe engano.*

— Tudo isso acontece por falta de amor! — Mariana foi taxativa.

— Acho que quem se droga não ama a si mesmo. Um viciado que desencarna por causa do vício é considerado suicida? — indagou Magda.

— Boa pergunta! Que você acha disso, Gabriel? — perguntou Ulisses.

Gabriel respondeu, e todos prestaram muita atenção:

— Tudo o que prejudica o corpo físico o faz também com o perispírito, nosso corpo espiritual, que sobrevive à morte. Sim, é considerado suicida quem deliberadamente prejudica a própria saúde. Essa responsabilidade depende do conhecimento de cada um. Quem é usuário de tóxicos consome veneno e abreviará seus dias na Terra. Mesmo aqueles que não querem suicidar-se vão fazer a passagem de plano mais cedo, por prejudicar sua vestimenta carnal. Podem ser considerados suicidas inconscientes. Isto é, abreviaram, com abuso, sua

permanência como encarnados. E como sentem e sofrem por isso! Porque a nossa vivência como encarnados é uma bênção pela qual devemos dar graças. Nós, aqui no Plano Espiritual, estamos preocupados com os suicidas. Esses imprudentes que matam o físico, mas não a alma, o espírito, continuam a viver em sofrimento, que, embora não seja eterno, é grande. Aqui não há regra geral, cada caso é visto de uma forma. Mas todos se arrependem, e o remorso dói muito. Amor! Se todos amassem de forma verdadeira a Deus, amariam a si e ao próximo e não prejudicariam ninguém, nem a si mesmos. A bondade no Nosso Pai é enorme, como Seu amor por nós. Ele nos dá novas oportunidades, por intermédio da reencarnação. Um reinício feito com esquecimento.

— E quem danificou um corpo físico saudável pode tê-lo deficiente na próxima encarnação? — perguntou Ulisses.

— Isso pode acontecer — respondeu Gabriel. — *É preciso estudar cada caso. Muitas vezes é o remorso que danifica. Arrepender-se dos erros cometidos é estar pronto para repará-los, para construir onde se destruiu. Muitos, porém, têm o remorso destrutivo, isto é, não querem recuperar-se, consideram-se indignos de ser novamente sadios, querem se punir, o que torna seu perispírito doente e faz com que, ao reencarnar, eles passem essa deficiência à vestimenta que usarão para viver mais um período encarnados. Outros estão tão perturbados aqui, no Plano Espiritual, que não têm condições de escolher e reencarnam sem ter o corpo físico saudável, o que, apesar de tudo, é um alívio para eles, pois sofrerão bem menos encarnados que aqui, com o remorso.*

— Eu que o diga! Suicida sofre muito! — exclamou Mauro José. — *Tenho medo de voltar a encarnar e me suicidar novamente. Estou pensando em reencarnar sem as mãos.*

— *Gabriel, isso é possível?* — perguntou Ricardo, assustado.

— *Pedir é possível* — esclareceu o instrutor. — *O Departamento da Reencarnação estuda pedidos como esse e, para atendê-los, leva em conta vários fatores. Principalmente se o indivíduo não vai revoltar-se. É preferível aconselhar e faço isso agora a Mauro José. Estude mais, esforce-se para amar, ter melhor compreensão da vida e, quando se sentir apto, volte ao Plano Físico para sair vitorioso nos seus propósitos e desencarnar no tempo previsto.*

— *Sei que vou demorar para reencarnar, mas, se tivesse que ser agora, queria fazê-lo sem as mãos* — disse Mauro José, suspirando.

— *Quero ter conhecimentos espíritas quando estiver encarnada. Acho que a pessoa espírita estudiosa não se suicida* — opinou Eunice.

— *Depois que aprendemos a amar a Deus, a nós mesmos e ao próximo, não fazemos mais nada que prejudique a nós nem a ninguém. Estou disposta a aprender. Quero amar!* — exclamei.

— *Amar a vida! Como é bom amar a vida, dar valor ao que se tem e não ficar se amargurando com o que não se tem ou acha que quer ter* — Fábio foi poético.

Ficamos em silêncio. Gabriel achou que não haveria mais comentários no momento sobre o assunto e convidou:

— *Fale, Carina! Estamos querendo escutá-la.*

DOIS

— Nasci numa família estruturada — contou Carina. — Pai, mãe e dois irmãos. Eu era a do meio, tinha um irmão mais velho e uma irmã caçula. Parecia tudo certo, até que meu pai desencarnou. Ficou doente por meses e veio a falecer. Sentimos muito. Minha mãe sofreu bastante e ainda ficou com toda a responsabilidade do nosso lar. Ela trabalhava fora, tinha um bom emprego, mas teve que administrar bem o dinheiro, pois tivemos de viver sem o ordenado de papai, que passou a ser, então, uma pensão bem menor. Ela não queria nos privar de nada e passou a fazer horas extras. Ora mamãe nos dava atenção demais, protegendo-nos, ora, cansada, não se importava muito conosco. Ficamos um pouco desajustados, *inseguros. Eu fui a que mais sentiu. Meu irmão era ajuizado e responsável. Naquela época, eu o julgava certinho demais, perfeito. Ele sempre dizia a mim e à minha irmã:*

"— Mamãe está cansada, trabalha muito. Temos que entendê-la, gastar menos e ajudá-la mais.

Ele estudava muito, dava aulas a outros colegas, fazia compras para duas senhoras que moravam no prédio e, com isso, pagava as próprias despesas. Minha irmã não pedia nada, mas eu queria e insistia: eram roupas, passeios, supérfluos sem os quais passaria muito bem. Estava com catorze anos, era muito rebelde, não fazia nada em casa e reclamava de tudo.

Numa dessas discussões com minha mãe, em que respondi de modo brusco, ela me deu uns tapas. Revoltei-me. Naquela noite, saí com umas amigas, e um garoto conhecido nos ofereceu drogas. Minhas colegas recusaram, mas eu quis. Fui alertada por elas:

— Carina, por favor, não faça isso!

— Por que quer experimentar? Sabe que droga é uma droga!

— Não faça isso, Carina. Pense em sua mãe. Ela já tem sofrido tanto.

E foi nela que pensei. Ela havia me batido. Eu quis fazer pirraça e me dei mal. É criancice e burrice fazer esse tipo de desaforo."

Carina fez uma pausa, suspirou profundamente. Todos a olhavam atentos, ela continuou:

— *Agora entendo que minha mãe não errou, nem na minha educação nem por ter ficado impaciente e ter me dado aqueles tapas. Eu a deixava muito nervosa, fazendo-a se descontrolar. Não compreendia quanto mamãe se esforçava para manter a casa, para que estivéssemos bem, nem que ela estava adoentada e estressada. Fiz sofrer quem muito me amou. Isso é muito triste!*

"Fui com aquele garoto para um outro barzinho.

— Não se preocupe com suas amigas. Elas não sabem o que estão perdendo. Sabe fumar? Não? Eu ensino você.

E fumei meu primeiro cigarro de maconha. Senti calma, e o mundo me pareceu diferente, lindo; esqueci meus problemas. Depois, voltei para perto de minha turma. Ninguém conversou comigo, e eu nem liguei.

Esse garoto me convidou mais vezes e fui com ele fumar. Minhas amigas se reuniram e tentaram me alertar.

— Não entre nessa, Carina! Você vai se arrepender!

— Poderá se viciar e se tornar escrava das drogas, querendo cada vez mais.

— Se você se viciar vai se arruinar. Não fume mais.

— Vocês não sabem o que estão falando. São umas bobocas que deveriam experimentar para opinar. Se não querem, não fumem, mas me deixem fazer o que quero — *me exaltei.*

— Carina, se você continuar não seremos mais suas amigas. Você escolhe: nós ou as drogas.

— Prefiro vocês! — *respondi, rápido.*

Continuei fumando escondido, elas, porém, logo descobriram e passaram a me evitar.

Achei que elas é que estavam erradas, eu não estava errada em fumar alguns cigarros e sair com aquele garoto e a turma dele. Até que...

"— Me dê mais um cigarro! — *pedi."*

— Outro? Já fumou dois. Carina, é o seguinte: se quiser fumar, de agora em diante, vai ter de comprar.

No começo não era caro e bastava eu me privar de um lanche, cinema. Mas fui fumando cada vez mais.

Não via mais minhas antigas colegas, tinha passado a evitá-las, pois as considerava chatas, certinhas. Duas delas tentaram conversar comigo, aconselhar-me. Eu as tratei rudemente.

Não estava tendo mais dinheiro para comprar os cigarros de maconha. Reclamei para a turma:

— Estou com muita vontade de experimentar cocaína, mas não tenho dinheiro.

— Carina, por que não se prostitui? Você é jovem, bonita, terá muitos clientes — *opinou um colega.*

— Dou a você a cocaína para experimentar — *ofereceu outro.*

Experimentei e ansiei por mais. Drogar-se é algo estranho. Parece bom e ruim ao mesmo tempo. Para muitos, a sensação boa é de que se vive em outra realidade e que nada incomoda, porém o efeito seguinte não é nada agradável e a vontade de ter mais é um tormento. Você começa a pensar somente nela, e o resto, aos poucos, deixa de existir.

— Carina, tenho um cliente para você. Quando falei a ele que você é virgem, ele ofereceu uma boa quantia. Uns dois meses de drogas.

Fiquei tentada e acabei aceitando. Foi muito triste. Era um homem já idoso. Para ter coragem, me droguei.

E passei a me prostituir. Não fui mais à escola e não parava em casa. Evitava falar com meus familiares; meu irmão estudava para o vestibular e não prestava atenção em mim; mamãe trabalhava muito, eu pouco a encontrava, para que não desconfiasse, concordava com tudo o que ela dizia. Para que ela não soubesse que eu não estava indo à escola, saía e chegava no horário, como se estivesse indo às aulas; e no colégio peguei a transferência, como se fosse mudar de cidade.

Um dia, um cliente me deu uma surra. Fiquei toda marcada, toda ferida. Disse em casa que tinha sido atropelada por um carro. Meu irmão desconfiou, procurou minhas ex-amigas, que contaram a ele do meu envolvimento com as drogas.

Elas deveriam ter dito algo no início. Talvez, se tivessem contado, a minha família tivesse ajudado, mas elas preferiram se calar. Não as culpo nem cobro isso delas.

O DIFÍCIL CAMINHO DAS DROGAS

Minha mãe, quando soube, sentiu-se mal e teve de ficar internada no hospital. Parecia que tudo o que sucedia não era comigo, que eu estava à parte dos acontecimentos. O viciado quase sempre tem os sentimentos anulados, parece não vivenciá-los, fica como se estivesse adormecido.

Falaram, discutiram, e eu fiquei quieta. Meu tio veio em casa e levou-me para uma clínica, onde fiquei internada. No começo estava perturbada, mas depois de uns dias comecei a entender o que ocorria. Fiquei com dó de minha mãe e resolvi largar o vício. Porém não calculei o quanto já estava viciada. Saí da clínica com vontade de me regenerar, largar as drogas. Fui para casa, não saía e fazia todo o serviço doméstico. Meu irmão passou em medicina e minha irmã estudava muito. Todos me trataram com carinho, me dando apoio. Quis voltar a estudar, mas, como estava com dificuldade de aprender, planejei voltar à escola no ano seguinte.

Certo dia, quando estava fazendo compras para casa, encontrei por acaso com alguns amigos usuários; conversamos, e eles me ofereceram droga. Achei que nada ia acontecer se fumasse um cigarro de maconha. Fumei um após o outro e, quando vi, estava novamente envolvida. Dessa vez roubei vários objetos de casa e vendi. Minha mãe se exaltou e me mandou embora. Fui morar numa pensão suja, com algumas meninas que se prostituíam, e me drogava cada vez mais.

Mamãe, um mês depois, veio atrás de mim, implorou para que voltasse e aceitasse um tratamento. Não quis. Ela me abraçou e pediu para eu me cuidar.

Eu ia fazer um programa, encontrar com um cliente, e me injetei cocaína. Depois, esse homem me deu cocaína para cheirar. Esqueci que já havia injetado e tomei bebidas alcoólicas. Fui com ele a um motel. Senti que adormeci, fiquei como se estivesse num terrível pesadelo. Meu corpo físico morreu por overdose.

O sujeito que estava comigo, vendo-me morta, fugiu. Os empregados do motel, percebendo algo estranho, entraram no quarto. Vendo meu corpo morto, me vestiram, me colocaram no porta-malas de um carro e me jogaram num local deserto. Vi isso como um filme, perturbada e apavorada. Tinha dezessete anos.

Um grupo estranho, de que até hoje sinto medo só de lembrar, que ficava falando grosserias, desligou meu espírito da matéria morta, me pegou e me levou com eles[1].

Meu corpo foi encontrado no outro dia. Minha família sentiu muito. Mais uma vítima das drogas ou mais uma tola que se envolveu com elas.

Fiz minha família sofrer, principalmente minha mãe. Entristeço-me com isso.

Tudo isso é deprimente, mas o pior para mim veio depois que meu corpo físico morreu. Muitos encarnados acham que os tóxicos fazem mal apenas ao corpo físico, desconhecendo quanto prejudicam o corpo espiritual, o nosso perispírito ou nossa alma. Acho que o Inferno com fogo e capeta nos espetando é pouco para descrever o que passei.

Continuei viciada. Ansiava por drogas. Para ter a sensação de que as consumia, passei a sugar energias de encarnados usuários. Vampirizei. Entendi que também fui vampirizada quando me drogava encarnada. Agora ficava perto de turmas de viciados, usufruindo dos fluidos deles.

É deprimente falar de tudo o que passei; era uma escrava do grupo, era maltratada e me sentia muito infeliz. Quando tinha consciência do que se passava comigo, chorava agoniada.

Cheguei ao meu limite. Como queria que minha morte tivesse <u>*sido do modo*</u> *como eu acreditava que seria; queria ir para o*

---

1 N.A.E. Todos nós, encarnados e desencarnados, temos acesso a conhecimentos, basta ser ativos e aprender. Infelizmente, muitos usam o que sabem para o mal. Este grupo sabia desligar o espírito da matéria morta, não usaram deste saber para ajudar, mas sim por motivos egoístas. Este processo não é difícil, muitos o fazem.

inferno ou a um lugar onde não existissem drogas. Preferia ficar no fogo a ficar naquele tormento.

Deformei tanto meu perispírito, minha imagem, que ninguém me reconheceria. Parecia um monstro. Um dia, estava perto de um encarnado viciado, e umas pessoas se aproximaram dele e indagaram:

— Você quer se livrar das drogas?

Parecia que perguntavam a mim, e respondi esperançosa:

— Eu quero! Pelo amor de Deus, me ajudem!

Um senhor desencarnado que estava com o grupo aproximou-se de mim, pegou na minha mão e falou tranquilamente:

— Venha comigo, mocinha! Ajudarei você!

Fui levada para um hospital e, embora socorrida, não foi fácil me livrar do vício. Foi com tratamento e carinho dos atendentes e meu esforço que melhorei. Foi como sarar de uma terrível doença.

Recuperei-me e hoje estou estudando. Sei da minha família. Minha mãe tem estado muito doente, meu irmão se formou e minha irmã está estudando medicina; os dois, graças a Deus, não se envolveram com tóxicos. Todos pensam em mim com saudade e lastimam o que me aconteceu.

A vocês, meus colegas, posso dizer: é pior estar viciado desencarnado que encarnado. Vícios são adquiridos, e bobo de quem se vicia. Eles nos desarmonizam e temos de voltar a nos harmonizar. Como isso é difícil. Tolo de quem pensa que a morte do corpo físico nos muda de imediato. Continuamos os mesmos até que resolvemos mudar.

Sinto por ter desperdiçado a oportunidade de estar encarnada. Tinha planejado, antes de reencarnar, estudar enfermagem e cuidar de crianças: ia encontrar com um espírito amigo, um rapaz, casar e ter filhos. Usando o meu direito de livre-arbítrio, mudei os acontecimentos: me envolvi com as drogas e voltei ao Plano Espiritual antes da hora e muito infeliz. Quero ser útil e vou esperar pacientemente uma nova oportunidade de reencarnar."

Carina deu por encerrada sua história. Todos se emocionaram e a olharam com carinho.

Guilherme indagou ao professor Gabriel:

— *Impressionei-me com o relato de Carina de que sugava as energias de encarnados que se drogavam. Isso é possível? Pensava que espíritos, desencarnados, ficassem somente perto de médiuns.*

— *Meus alunos, a presença de espíritos ao redor de encarnados não depende da mediunidade ou de evocação. A mediunidade faz com que esse fenômeno seja notado, sentido, e por ela podemos nos comunicar com eles.*

"A Terra é nossa morada, de seres humanos, seja usando o corpo físico, encarnados, seja sem ele, desencarnados. Quando desencarnamos, podemos, por afinidade, merecimento, ir para lugares de paz, abrigos onde continuaremos a aprender a ser úteis; como também podemos ir para lugares tristes, onde o aprendizado se faz pela dor, que são os umbrais; ou podemos vagar, ficar entre os encarnados, e alguns iludidos fazem isso, pensam que ainda estão usando o corpo físico, acham que estão encarnados; são quase sempre pessoas que eram apegadas à matéria e não sabem que mudaram de plano. Há desencarnados que sabem de seu estado e gostam de estar entre os encarnados usufruindo das mesmas coisas desfrutadas anteriormente. Alguns desencarnados se desesperam com a falta daquilo em que se viciaram, seja álcool, sejam tóxicos, e podemos ver que alguns, até por tabagismo, ficam perto de usuários para ter a sensação de que estão usando.

O DIFÍCIL CAMINHO DAS DROGAS

Sabemos que a morte do corpo não modifica ninguém. Só a pessoa mesmo pode se melhorar. Qualquer vício que a pessoa tenha torna-a escrava dele até que o vença. Carina desencarnou viciada, afinou com um grupo de desencarnados que vagavam e que também haviam sido usuários. Para ter a impressão de que usavam drogas, sugavam energias de quem as consumia. Trocavam sensações. Ela não ficou junto de ninguém em especial, usufruía de quem se drogava. Muitas vezes, quem desencarna assim perturbado fica perto de alguém e se torna seu obsessor. Espíritos mal-intencionados, ou viciados como Carina foi, não se aproximam de quem se veste de um corpo carnal se este tem boa vibração, isto é, que costuma orar, ter bons pensamentos, é bom. Pessoas que querem a mesma coisa se afinam, se atraem. E viciados em tóxicos dificilmente costumam orar, vibrar bem, tornando, assim, essa aproximação possível. Não estranhem vocês, meus jovens, o termo vampiro ou vampirismo, isso nada mais é que usufruir da energia de outro; ao fazer isso, passa-se e recebe-se o que o outro sente. Por isso eu disse: trocavam sensações."

— Isso parece chocante! — expressou Fábio.

— A vida é contínua; não mudamos quando trocamos de plano, mas sim quando queremos — elucidou Gabriel.

— Não precisa ter medo, somente temos companhias más ou inconvenientes quando queremos — dei a minha opinião.

— Lembro a você, Fábio, que temos sempre boas e más influências. E que os bons, estando desencarnados ou encarnados, estão sempre ajudando — esclareceu nosso professor.

— É que nos ligamos e escutamos a quem queremos. Se nos ligamos ao bem, nada disso acontece conosco. Desencarnados imprudentes não se aproximam de nós ou de encarnados bons — disse Carlos Eduardo, o Edu, sorrindo.

— *Deveríamos temer o erro de fazer algo que nos preju-dique. Todos deveriam ter medo é de se drogar* — expressou Larissa.

O assunto era muito interessante, mas, como estava no horário do intervalo, fomos para o pátio e ficamos conversando.

TRÊS

— *Estou gostando muito das aulas!* — exclamou Larissa.

— *Pena que vocês estão somente assistindo a estas* — lamentou Fábio.

— *É que nós estamos fazendo um estudo sobre drogas e viemos assistir àquelas que vocês estão tendo no momento com o professor Gabriel* — expliquei.

— *Esse estudo é muito interessante! Mas temos que completá-lo com a aula da instrutora Maria Laura* — contou Ulisses.

— *Por que vieram somente para estas aulas?* — perguntou Carina.

— *Já fizemos esse curso que estão fazendo* — respondi. — *Já aprendemos a viver sem o corpo físico no Plano Espiritual, e a aula sobre tóxicos foi há pouco tempo incluída no currículo por ser de muita importância para nós, que desencarnamos jovens. Nós seis temos interesse nesse assunto, por isso estamos fazendo um estudo mais abrangente; logo que acabar essa matéria, o que está previsto para hoje, iremos embora.*

Fiquei quieta por momentos, observei o grupo e pensei o porquê de estar ali, de ter querido fazer esse estudo, acho que foi porque desencarnei na adolescência, sentindo-me ainda criança. Estive muito tempo doente e não tive experiência nenhuma com drogas, escutei pouca coisa do assunto, apenas por meio de noticiários. Quis saber mais sobre os tóxicos, pedi para estudar, e meu pedido foi aceito. Faria parte do grupo destes jovens: Carla, Larissa, Carlos Eduardo, o Edu, Ricardo e Ulisses. Primeiro fomos ter aulas teóricas com o professor Gabriel, juntamente com a turma que fazia o curso para aprender a viver sem o corpo físico.

Gostei muito. A escola era grande, arborizada, com espaçosas salas de aula, um lugar agradável. A maior diferença de uma escola de encarnados era que todos ali estavam mesmo querendo aprender.

Carla segurou meu braço e exclamou, fazendo-me prestar atenção na conversa.

— *Achei esse local magnífico! E o estudo também!*

— *Não sabia quanto as drogas fazem mal ao corpo físico. Agora sei, e, se estivesse encarnado, estaria assustado* — disse Ricardo.

— *E como faz mal! Eu, que não gostava muito de estudar ciências, me encantei com esse estudo. O corpo humano é perfeito demais! É fantástico seu funcionamento* — concluiu Edu.

— *Que imprudência danificar essa vestimenta do espírito* — expressou Ulisses.

— *É, mas também prejudicamos nosso perispírito com outros erros* — opinou Mauro José.

— *Claro! Somos um só!* — Ulisses riu. — *Calma! Eu explico: o verdadeiro eu é o espírito, que revestimos de um envoltório semimaterial chamado perispírito, que serve de modelo para o corpo encarnado. E para estar reencarnados, nós, os espíritos, vestimos o corpo de carne e osso. Acho isso fantástico!*

Voltamos à classe e tivemos uma revisão do assunto, estudando. Ao término da aula, nós seis nos despedimos dos outros colegas, agradecemos o professor Gabriel e fomos ao encontro de Maria Laura, que seria nossa instrutora na continuação do estudo sobre tóxicos.

Encontramo-nos com nossa instrutora no jardim da frente do hospital da colônia espiritual da qual fazíamos parte. Estávamos, no momento, residindo ali. Maria Laura nos recebeu com um sorriso encantador. Era de estatura pequena, devia medir um metro e cinquenta, tinha cabelos louros curtos e expressão delicada e aparentava ter desencarnado com sessenta anos.

— *Que bom tê-los comigo para mais um trabalho. Espero poder orientá-los neste aprendizado* — ela sorriu.

— *Você trabalha aqui há muito tempo?* — perguntou Carla.

— *Logo completará dez anos que sirvo nessa parte do hospital, em que ex-usuários de tóxicos se recuperam. Encarnada, dediquei-me a ajudar dependentes químicos, era médica. Quando me aposentei, passei a fazer um trabalho voluntário, ajudando os que queriam largar o vício e não conseguiam. Foram muitos anos orientando pessoas. Desencarnei com oitenta e quatro anos, em atividade. No Plano Espiritual, estudei. E aqui estou numa continuação do que fazia encarnada* — esclareceu Maria Laura.

— *Quem é útil encarnado continua a ser aqui no Plano Espiritual! Normalmente, aqueles que gostam de ser servidos no corpo físico são os necessitados aqui* — observou Ulisses.

— *Maria Laura* — contei —, *desencarnei depois de uma longa doença e de ter tomado remédios fortes, que viciam. Desencarnei e não tive necessidade deles.*

— *Rosângela, você os tomou como medicamentos, por necessidade; esses remédios que usou foram úteis. É no abuso que está a imprudência, o erro* — respondeu a instrutora.

— *Nós vamos conhecer a parte do hospital onde estão em recuperação os que foram viciados em tóxicos?* — perguntou Edu.

— *Agora não* — respondeu Maria Laura. — *Vamos primeiro fazer um trabalho de auxílio, depois vocês ajudarão os socorridos, aí conhecerão essa parte do hospital. Quero esclarecê-los de que o Plano Espiritual é diversificado. Há colônias com muitos hospitais e outras com um só, como o nosso, que é repartido em alas, setores, partes, e aqueles que se recuperam dos vícios ficam separados.*

— *E quem foi viciado em cigarro e álcool fica no hospital também?* — perguntou Ricardo.

— *Quando precisam de tratamento, ficam no setor ao lado dos dependentes dos tóxicos* — respondeu Maria Laura. — *Agora vamos à reunião, estamos sendo esperados no salão número quatro.*

Acompanhamos nossa instrutora. Atravessamos um pequeno jardim. Todo o hospital é circundado de bem cuidados canteiros floridos, com bancos confortáveis. Dentro do hospital há bibliotecas, salas de vídeo, salões de palestras, isso em cada parte. O salão número quatro tem capacidade para cem pessoas, simples, tendo somente as poltronas e alguns vasos com plantas.

O DIFÍCIL CAMINHO DAS DROGAS

Acomodamo-nos. Logo após, chegaram outros grupos. Um senhor, à frente, se apresentou:

— *Sou Sebastião. Estou, no momento, como orientador desta parte do hospital. Estamos aqui para o início de mais um trabalho de socorro aos que foram encarnados dependentes de tóxicos. Contamos com cinco grupos, que têm como instrutores companheiros com experiência e anos de serviço nesta ala. Aqui, estão alguns novatos e estudantes. Quero dar as boas-vindas e espero que fiquem conosco. Estamos, em todos os setores de trabalho no Plano Espiritual, com falta de trabalhadores, e no nosso setor faltam mais ainda. Cada grupo irá a determinados locais e trará um número certo de socorridos; os instrutores de cada grupo passarão as orientações.*

Sebastião sorriu e saiu da sala. Observei, curiosa, os outros grupos. O nosso e um outro tinham sete pessoas, dois tinham três, e o último contava com vinte e sete.

Ricardo indagou a Maria Laura:

— *Por que aquele grupo está com mais componentes?*

— *São iniciantes; será o primeiro trabalho de socorro deles. Por mais três vezes trabalharão juntos, depois se separarão e formarão grupos pequenos. Estão com dois instrutores mais experientes.*

— *Vamos socorrer muitos?* — indagou Carla.

— *Não, só traremos cinco* — respondeu Maria Laura.

— *Somente cinco?!* — exclamou Larissa espantada.

— *Também acho pouco, pensei que fôssemos socorrer muitos* — comentou Ulisses.

— *Temos vinte e quatro leitos vagos* — explicou Maria Laura. — *E serão vinte e quatro socorridos. Foi repartido um tanto para cada um dos grupos aqui presentes.*

— *Sempre há este número de vagas?* — Larissa quis saber.

Nossa instrutora sorriu e respondeu:

— *Não, Larissa, são vagas periódicas. Não pensem vocês que sairemos e horas depois estaremos de volta com os cinco. Nosso socorro demorará, não temos tempo determinado para fazê-lo, dependerá de muitas coisas. Temos aqui muitos pedidos de socorro, iremos até eles e iremos socorrer somente cinco.*

— *Por que isso?* — indagou Larissa.

— *Vou explicar* — sorriu Maria Laura. — *Como viram, nosso hospital é grande, imenso. Os imprudentes, os necessitados de ajuda são tantos que infelizmente não há vagas para todos.*

— *Entendo* — disse Ricardo. — *Quando estava encarnado, eu frequentava um centro espírita e lá já via essa diferença. Um grupinho para ajudar — tanto na orientação espiritual como na assistência social — e muitos para serem servidos. Entre estes, muitos poderiam cooperar de alguma forma e estavam sempre dando desculpas, evitando ser úteis. Como não mudamos com a morte do corpo, mas sim quando queremos, os que gostam de ser servidos viram, aqui, necessitados.*

— *O hospital não poderia ser aumentado, ter mais vagas?* — perguntou Edu.

— *Poderia, e isso não seria difícil* — respondeu Maria Laura. — *A dificuldade maior é a falta de servidores. Não basta ter vagas somente por ter, se não há quem trabalhe, quem cuide dos socorridos.*

— *Os trabalhadores na Terra são poucos* — comentou Ulisses. — *Jesus falou isso. Ele até pediu a Deus que enviasse servidores à messe. E não é somente entre os encarnados que os trabalhadores são escassos. Aqui, no Plano Espiritual, também há falta deles. Quero ser um trabalhador, tenho rogado ao Pai para sê-lo.*

O DIFÍCIL CAMINHO DAS DROGAS

— *Ulisses, você concluiu certo* — elogiou Maria Laura. — *Os desencarnados viciados, aqueles que, encarnados, imprudentemente adquiriram dependência química, requerem muitos cuidados. Os trabalhadores dos hospitais têm quase sempre muitas horas de trabalho por dia, num serviço de abnegação. Mas também precisam ter lazer, horário para estudos, porque não é certo somente trabalhar. Infelizmente, meus jovens aprendizes, vocês verão como falta pessoal para ajudar nesse campo. Há poucas pessoas para trabalhar em todos os setores, desde socorristas entre os encarnados até servidores aqui, nas colônias. E, como irão ver, nesta área de socorro falta mais, porque não é uma tarefa fácil, requer que o servidor seja muito paciente, dedicado, e que tenha conhecimentos.*

— *Maria Laura, você trabalha muito?* — perguntou Carla.

— *Sim, quando saio em socorro, trabalho por horas seguidas sem descanso. Normalmente fico no hospital de plantão dezoito horas. Tenho algumas folgas, em que visito amigos e parentes. Também dou palestras sobre dependência química em diversas colônias. Tenho vontade de fazer cursos em uma colônia de estudo, mas estou adiando.*

— *Entendo, você sente que fará falta aqui* — observou Larissa.

— *Quero estudar medicina aqui, no Plano Espiritual; com certeza, um dia vou fazer o curso. No momento, sinto que tenho de ficar aqui* — respondeu Maria Laura, sorrindo tranquilamente.

— *Você sabe quem são os cinco a ser socorridos?* — perguntou Ricardo.

— *Não sei* — respondeu nossa instrutora —, *mas temos aqui na lista, bem explicado, tudo que devemos fazer. É o Departamento de Socorro que recebe os pedidos; lá, eles são separados e enviados às equipes socorristas. Os pedidos que se referem a tóxicos vêm para cá. Nossa ida ao Plano Físico não é somente para trazer os socorridos. Há também auxílios a encarnados. Para ver o que se passa, temos de ir até as pessoas, os pedintes, analisar, tentar orientar e ajudar do melhor modo possível. Quanto aos desencarnados a ser socorridos, temos de analisar cada caso. Primeiro, se o desencarnado quer mesmo ser socorrido para se melhorar. Porque muitos pedem ajuda, clemência, mas não querem o que temos a oferecer, um tratamento para que larguem o vício. Muitos querem somente o alívio para se viciar mais. É mais ou menos assim: querem ficar livres da ressaca, para continuar usando a droga. Segundo, uns pedem socorro e ao se sentirem melhor vão cometer outros erros ou se vingar de desafetos. Alguns, ao serem libertados de grupos que os escravizaram, vão escravizar outros.*

— Interessante... Para ajudar, tem de ser com sabedoria, senão pode-se fazer mais mal do que bem — concluiu Edu.

— Por isso, sempre é recomendado, para aqueles que querem servir, que estudem, aprendam, para melhor fazer sua tarefa — explicou Maria Laura.

— Há pedidos que pessoas fazem por outras? — perguntei.

— Claro! — respondeu a instrutora. — *E, sempre que a solicitação é sincera, uma equipe vai verificar. Temos, entre os que vamos analisar, pedidos que se enquadram nesse caso. Verão que muitos pedem por outros, mas nem sempre o alvo do pedido quer essa ajuda. Vou dar um exemplo: uma pessoa acha que outra está com fome e pede a alguém que dê a ela um prato com arroz e feijão, o que acha que é o melhor para quem está necessitado. Mas essa pessoa, que talvez seja realmente necessitada, pode não querer no momento o arroz e o feijão pedidos, mas algo como uma viagem para o exterior. Normalmente, é com a participação de muitas pessoas que se realiza um auxílio. O prato com a refeição não surge do nada. Além de ser trabalho de muitos, não podemos obrigar o alvo do pedido a se alimentar. Por isso, esses apelos são analisados.*

O DIFÍCIL CAMINHO DAS DROGAS

— *E esse trabalho de preparar o alimento, o prato com arroz e feijão, é a nossa tarefa, não é? Seu exemplo foi muito objetivo, compreendi que nada é feito sem trabalho* — observou Carla.

— *É a nossa tarefa e a de muitos outros* — esclareceu Maria Laura. — *Quando recebemos solicitações assim, tentamos orientar e ajudar o pedinte, como também o alvo do pedido, mas muitas vezes não conseguimos ajudar porque este não quer o que temos para dar, e, assim, somente podemos doar bons fluidos na nossa visita. Quem pede é que se torna receptivo a receber.*

— *E quem precisa realmente e não pede? Quem está tão perturbado que não se lembra nem de rogar?* — indaguei.

— *Temos um caso assim na nossa lista. Perceberão que o tóxico o danificou tanto, e ele está tão perturbado, demente, que nem consegue pedir, mas mesmo assim anseia por melhorar. Essa vontade é um pedido indireto. Vamos até ele e, se possível, o traremos para nosso hospital* — respondeu Maria Laura.

— *Acho que são estes os verdadeiros socorros, os que são realizados com prudência!* — exclamou Ulisses.

— *São mesmo!* — apoiou a instrutora. — *São muitos os que pedem socorro; se trouxermos todos não haverá espaço, e seria precipitado dar abrigo a alguém que não quer seguir a ordem nem a disciplina que temos aqui. Além disso, ele poderia estar tomando o lugar de outro que quisesse não só diminuir seu sofrimento, mas também melhorar interiormente. E lembro a vocês, garotos, que todos nós estamos tendo a oportunidade de aprender, uns o fazem pelo amor, outros pela dor, que os faz despertar. E muitos que não querem hoje o prato de arroz e feijão irão querer um dia. E, quando o pedido deles for sincero, quando quiserem realmente mudar, chegará a vez deles.*

"Estou lembrando agora da parábola do rico avarento e do Lázaro, o pobre. Preciosos ensinamentos que todos nós conhecemos. O rico, quando desencarnou, ficou num local de sofrimentos, denominado umbral. É assim que nos referimos a esta zona de dores. E este ex-possuidor de bens materiais pede somente alívio para seus males sem se converter, sem querer se modificar. Sua mente, que tanto errara, continua como antes. Ele não se modificou, não porque não pudesse, mas porque não quis. E podia querer, porque o livre-arbítrio é atributo do espírito e não do invólucro físico. Desencarnados podem se converter, querer se tornar melhores. Vocês, meus amigos, verão que muitos sofrem revoltados e continuam com as mesmas atitudes erradas.

Infelizmente estes, como o ex-rico da parábola, não têm como ser socorridos. Muitos sofrem e entendem por quê. Uns acham até que seus sofrimentos são justos; são estes que estão prontos para ser auxiliados. Se aquele rico tivesse compreendido[1] que errou, quisesse modificar-se para melhor, Lázaro, ou outro socorrista, poderia tê-lo auxiliado. Enquanto existir a maldade persistirá o mal que gera culpa e, consequentemente, o sofrimento."

— *Esse socorro é imediato? Basta pedir com sinceridade para ser auxiliado?* — perguntou Edu.

— *Carlos Eduardo, não é assim de imediato, não há equipes de socorro em excesso para isso. Tudo é planejado. Nós, desta colônia que auxilia os toxicômanos, temos no momento cinco grupos, mas às vezes são somente dois. Vocês mesmos estão aqui para estudar, e a equipe maior faz apenas estágio; após, irão se dividir e ir para muitas outras colônias. Saímos em socorro quando há vagas ou em casos especiais. O pedinte, quando*

---

1 N.A.E. Lucas, 16: 19.

se torna receptivo, afinando-se conosco, é ajudado. Às vezes, é necessário ser persistente, querer mesmo nossa ajuda, para aprender a dar valor ao que vai receber.

— O importante mesmo, turma, é ser útil, ser um servidor, e não um necessitado — concluiu Ricardo.

— Prontos, garotos? — perguntou Maria Laura. — Vamos volitar para a Terra, para a cidade à qual esta colônia está vinculada. Teremos como ponto de apoio um posto de socorro localizado num centro espírita. Depois de conhecê-lo, iremos à nossa primeira visita.

Demos as mãos e, ansiosos diante da expectativa desse trabalho, volitamos.

QUATRO

Fomos recebidos com muita alegria. Albino se apresentou:

— *Sou o responsável pela parte espiritual deste posto de auxílio. Sejam bem-vindos! Venham conhecer nosso local de trabalho.*

O centro espírita era de construção simples, com um salão grande para palestras, oito salas onde se realizavam trabalhos de desobsessão e que eram também classes de evangelização, um consultório dentário, a cozinha, onde faziam sopas, e uma sala de costura.

— *Que lugar bonito!* — exclamou Carla.

A vibração era suave, benfazeja, o que tornava o local mais encantador. Mas para nós, desencarnados, a construção não era só isso, tinha mais dois andares. Essa outra parte era invisível aos encarnados, sendo raros os que conseguiam vê-la. Era feita do mesmo material com que são construídas as colônias, ou seja, são semimatéria, rarefeita e fluídica. Nós vemos as duas construções, nos locomovemos por elas e sabemos distingui-las. Essa parte está localizada acima da material. No primeiro andar há um mini-hospital e no outro, alojamento para seus trabalhadores, salas de reuniões e de música e biblioteca. É tudo muito limpo e organizado.[1]

— *Aqui* — explicou Albino —, *nesta sala, vocês poderão deixar acomodados os socorridos que deverão ir com vocês.*

— *Estou vendo que há muitos socorridos no posto, as enfermarias estão lotadas. Há trabalhadores suficientes aqui?* — perguntou Ulisses.

— *Gostaria que houvesse pelo menos o dobro* — respondeu Albino. — *Mas não posso me queixar, temos uma ótima equipe. São muitos os socorridos, e você, meu jovem, tem razão: nossas enfermarias estão com todos os leitos ocupados. Muitos dos que estão aqui pediram ajuda para nós, outros vieram com os encarnados que frequentam o centro espírita.*

Alguns já receberam orientação nos trabalhos doutrinários da casa, ou seja, nas sessões de desobsessão, outros esperam para receber esses esclarecimentos.

---

1 N.A.E. O corpo físico é um acessório do espírito, uma roupagem que é abandonada quando suas funções se encerram com a morte. Além do invólucro físico, o espírito tem outro, chamado perispírito. Essa roupagem é semimaterial e tem a mesma forma humana do envoltório carnal, é uma espécie de corpo fluídico, que possui ainda algumas propriedades da matéria. E nós, desencarnados, que usamos o corpo perispiritual para viver, temos de ter onde morar, estar, senão, como ficaríamos? Em que lugar? Esses locais são da mesma matéria do nosso perispírito. Assim como encarnados usam para morar lugares materiais, aqui, no Plano Espiritual, também temos residências. É continuação da vida, bondade do Pai, para que não estranhássemos tanto a mudança de planos.

— Aqui tudo fica aberto. Pode acontecer de o interno sair e o indesejável entrar facilmente? Isto acontece? Como vocês lidam com esse fato? — indagou Carla, curiosa.

Albino respondeu, explicando e mostrando o sistema a nós, estudantes:

— Temos em volta tanto da construção material como da espiritual uma rede de proteção que impede os desencarnados mal-intencionados de entrar, estes somente o fazem quando é permitido. Temos também um sistema de alarme que evita ataques. Se para entrar há dificuldades, elas não existem para sair. Nossos abrigados podem fazê-lo facilmente, é só descer as escadas e já estão na rua.

— Não posso entender como alguém que esteja aqui, socorrido, saia, recusando o auxílio do posto — observei.

— Pois isso acontece. Nossa casa é de primeiros socorros — explicou Albino. — *Abrigados que aceitam o que temos a oferecer ficam conosco e quando estão melhor passam de servidos a servidores e alguns são transferidos para postos maiores ou colônias. Infelizmente, há os que não querem ficar conosco e vão embora.*

— Muitos saem sem permissão? — perguntou Edu.

— Os que pedem socorro para si mesmos dificilmente saem. Quando foi outra pessoa que pediu por eles, quase sempre vão embora. Por exemplo, um encarnado vem ao centro espírita com algum acompanhante desencarnado; este fica aqui, mas normalmente não é isso que ele quer, então vai embora. São muitos os que saem — respondeu Albino.

— Entendi, o encarnado pede ajuda porque quer se livrar do incômodo que o desencarnado lhe provoca, ou pede por ele querendo o seu bem. Este permanece no posto, mas não é isso que ele quer e não fica — concluiu Ricardo.

— É isso mesmo — concordou Albino.

— *Vocês sabem o motivo de muitos irem embora?* — Larissa quis saber.

— *A maioria não gosta da ordem e disciplina que temos aqui, não é isso que querem no momento. Outros não se conformam com a morte do corpo físico ou não aguentam ficar longe das coisas que julgavam ser deles ou de afetos* — elucidou Albino.

— *São os apegados! Eles ainda não compreenderam que a morte do corpo físico os leva a viver de modo diferente, não é?* — perguntou Ricardo.

— *Tentamos ensiná-los, mas muitos não querem ouvir, entender* — esclareceu o orientador espiritual do posto.

— *Que acontece com estes iludidos?* — indagou Carla.

— *Você os definiu bem: iludidos. Muitos até recebem esclarecimentos nas sessões de desobsessão ou de orientação por meio de incorporação. Ficam perto do médium, veem a diferença entre o corpo físico e o perispiritual, conversam com o orientador. No momento, compreendem sua mudança de plano, mas depois o desejo de estar perto de afetos, de bens materiais, é mais forte. Então, alguns saem e se iludem, perturbam-se novamente. Outros, mesmo sabendo que estão desencarnados, preferem estar com afetos. Ficam vagando. E isso é perigoso, pois correm o risco de ser aprisionados por desencarnados mal-intencionados, que os levem para o umbral, e de virar escravos. Há também os que saem por outros motivos: por gostar de farras, não querer largar seus vícios, deixar de fazer maldades ou para se vingar, e ficar no umbral com seu grupo.*

— *Que acontece com os que são levados para o umbral?* — indagou Larissa, preocupada.

— *Estes, recusando-se a aprender conosco, aprendem de outra forma. Quando querem o que temos a oferecer e pedem socorro, são auxiliados por nós ou por outro grupo* — respondeu Albino.

— *Aí eles ficam, permanecem no posto, não é?* — perguntou Edu.

— *Normalmente. Mas pode acontecer que, estando melhor, saiam novamente sem permissão* — explicou o orientador.

Como ninguém perguntou mais nada, Albino nos levou a outra parte da construção, a do Plano Espiritual. Uma espaçosa sala de frente para a rua, aberta e sem cercado. Olhamos curiosos, e ele esclareceu:

— *Aqui é o nosso pronto-socorro. Um local onde atendemos os desencarnados que querem somente alívio, e não abrigo. Esta é Luzia, que explicará a vocês o nosso trabalho. Vou deixá-los aqui, enquanto converso com Maria Laura no salão de palestras. Até logo!*

Luzia sorriu delicadamente e nos abraçou.

— *Sejam bem-vindos! Trabalho neste pequeno laboratório, um pronto-socorro, para atendimento rápido e horas seguidas. Se vocês ficarem aqui por trinta minutos, verão como é nossa tarefa.*

Nisso, chegou outro servidor com um desencarnado todo machucado. Luzia o cumprimentou:

— *Olá, Caju! Você brigou de novo?*

— *Eles me provocaram. Me faça um curativo* — ordenou ele.

— *Esse Caju nem pediu "por favor"* — observou Ricardo.

Luzia, enquanto fazia o curativo, nos esclareceu:

— *Dos que são atendidos aqui, raras exceções vão para o interior do posto. A maioria vai embora após receber o auxílio. Este aqui, nem sabemos o nome dele, somente nos falou o apelido, Caju. Infelizmente, é um dos nossos fregueses, como costumamos chamar carinhosamente um grupo que costuma vir aqui para receber ajuda. Ele se embriagava quando encarnado; desencarnou, se agrupou com afins e está sempre brigando por aí.*

— *Acho isso incrível!* — exclamou Carla.

— *Minha colega, somente mudamos quando queremos, a morte do corpo não nos modifica* — falou Ulisses.

— *Parece que ele pensa que está fazendo um favor a vocês vindo aqui* — expressou Carla.

— *Conversamos sempre com os atendidos, tentamos esclarecê-los, mas não tem dado muito resultado* — disse Luzia.

— *São pessoas que desde encarnadas julgam que outros sempre estão dispostos a ajudá-las e, pior, pensam que estão fazendo favor, e não recebendo. E acham que os trabalhadores têm obrigação de servir* — lastimou Edu.

— *São os mendigos de favores dos outros. O termo é forte, mas é assim que devemos chamar aqueles que querem ser servidos e nunca fazer nada de bom nem para si e muito menos para outros* — eu disse e suspirei.

Nisso, chegou outro desencarnado, que se sentou e esperou a vez de ser atendido. Olhou com cobiça para Larissa. Essa nossa colega é muito bonita, mulata, alta, de cabelos encaracolados curtos, aparenta ter vinte anos. Ela se incomodou e ficou atrás de Ulisses. O homem foi se sentar em outra cadeira para vê-la.

— *Não sei como agir neste caso. Chamo a atenção dele?* — Ulisses quis saber.

Luzia largou o que estava fazendo, pegou o homem pelo braço, colocou-o para fora da sala, deixando-o na rua dos encarnados, e ordenou:

— *Espere aí, quando for sua vez eu chamo.*

— *Tive medo dele!* — exclamou Larissa.

— *Medo por quê? Ele não ia poder fazer nada com você* — expressou Edu.

Luzia explicou:

— *Como vocês podem ver, eu e os outros que trabalham aqui não somos bonitos. Também são evitados jovens, isso para não haver problemas com os que vêm ao pronto-socorro pedir ajuda.*

— *Desculpe, Luzia, interrompê-la, mas você é muito bonita!* — expressou Ricardo.

— *Obrigada! Você já consegue ver como uma pessoa é pelo todo. Mas esses que vêm aqui quase sempre enxergam a aparência* — Luzia sorriu.

— *E se um deles mexer com você?* — quis saber Carla.

— *Eu faço o que fiz com aquele, pego-o e o coloco para fora* — respondeu Luzia.

— *É muito justo!* — exclamou Ricardo. — *Vocês estão aqui para servir, ajudar, e não recebem nem "obrigado" de muitos, mas pelo menos os necessitados têm de manter algum respeito.*

Luzia acabou de fazer o curativo em Caju. Ele, que escutava calado, olhou para ela e para nós e disse:

— *Muito agradecido, dona Luzia! Boa tarde a vocês, meus jovens!*

Saiu rápido. Nós rimos.

— *Pelo menos desta vez agradeceu!* — exclamou Luzia.

— *Como pode ele se machucar?* — perguntou Edu.

— *Desencarnados assim vivem como se ainda estivessem no corpo físico. Embora ele saiba que já fez a mudança de plano, não aceita viver sem o invólucro carnal. Vivendo como se estivesse na matéria, sente as necessidades de um encarnado. Caju está sempre perto de encarnados afins, trocando fluidos, sensações, sentindo-se embriagar. Como os bêbados encarnados brigam, os amigos desencarnados deles quase sempre o fazem também. Se eles se machucam, estes também plasmam os ferimentos para si e sentem-se machucados.*

— *Como podem viver assim?* — admirou Larissa.

— *Somos livres para fazer o que quisermos, mas responsáveis pelo que fizermos. Caju tem sempre oportunidades de se modificar, de ser melhor, mas não quer. Um dia essa forma de vida o cansará, e ele, então, vai querer mudar* — desejou Ulisses.

— *É isso mesmo* — concordou Luzia.

Nisso, entrou outro desencarnado, que se sentou na cadeira de espera e ficou quieto, de cabeça baixa. Luzia falou em tom baixo a nós:

— *Esse é Lourival, desencarnou com trinta anos, aparentando bem mais, era dependente de tóxicos. Sabe que mudou de plano, não quer o socorro, não quer largar o vício. Vem aqui porque sua mãe, que está encarnada, frequenta nosso centro espírita e pede muito por ele. Atendendo ao pedido da mãe, um socorrista da casa foi até ele, tempos atrás, e o trouxe aqui. Estamos tentando orientá-lo, mas no momento ele quer continuar a viver assim. Ele vem espontaneamente, pois tem muitas dores de cabeça e pede remédios.*

Virou-se para ele e o cumprimentou:

— *Como está, Lourival?*

— *Com muita dor de cabeça. Acho que é doença ruim, um câncer. Vai me atender com esses moços me olhando?* — Lourival se encabulou.

— *Esse grupo está aqui para aprender* — respondeu Luzia.

— *Não dá para eles aprenderem com outros? Não sou animal para que fiquem olhando para mim. Aposto que eles nunca se drogaram. Parecem santinhos olhando um pecador que se deu mal na vida.*

— *Eles ficarão aqui* — afirmou Luzia.

Lourival levantou-se e saiu.

— *Não teria sido melhor nós sairmos?* — perguntou Edu, com pena. — *Ele foi embora sem o remédio.*

O DIFÍCIL CAMINHO DAS DROGAS

— *Estaria educando-o se cedesse à chantagem dele? Não se preocupe, ele voltará, é nosso paciente. Vem pelo menos três vezes por semana para que o livremos dos efeitos colaterais do seu vício ou os suavizemos* — contou a trabalhadora do pronto-socorro.

— *Ele teve câncer quando encarnado?* — indagou Ricardo.

— *Não, seu corpo físico morreu por uma parada respiratória em virtude do excesso de drogas. Inventa sempre doenças para que tenhamos dó dele. Já lhe falei que não nos engana, mas acho que ele engana é a si mesmo* — respondeu Luzia.

— *Ele é arrogante!* — expressou Ricardo.

— *É!* — concordou Luzia. — *Tentamos orientar todos os necessitados que vêm aqui, para saberem que o auxílio recebido é por bondade de Deus, que Ele, o Pai Amoroso, socorre um filho por outros. Lourival já me disse que, se ele não viesse aqui, eu não teria trabalho. Não entendeu ainda que é ele quem recebe favores e que deveria ser grato por isso.*

— *É ressaca que Lourival tem?* — perguntou Carla.

— *Podemos dizer que sim* — respondeu Luzia.

— *Agora entendo por que devem ser analisados todos os pedidos e selecionados os necessitados que irão para a colônia. Se levássemos Lourival ou aquele homem que olhou para mim com cobiça, não teríamos ordem nas nossas enfermarias.*
— Larissa entendeu o que havia aprendido na aula teórica.

— *E eles têm postos como este por muitos lugares, em que podem receber auxílio* — disse Edu.

— *Lembro a vocês: se não são socorridos, é porque não querem o que temos a oferecer* — disse Ricardo.

— *Observando este atendimento, este posto, nossas colônias, entendo que a vida espiritual não difere muito da vivência física, a encarnada* — falei.

— *Por que mudaria tanto? Tudo foi criado por Deus e é sustentado por Ele. A morte do corpo carnal é para a maioria tão* traumatizante... não seria ainda mais difícil se eles encontrassem tudo muito diferente? O Pai Divino é misericordioso — Luzia se emocionou.

Achei Luzia inteligente e muito dedicada. Pensei que, se trabalhasse ali, naquele movimentado pronto-socorro, por um mês, certamente iria aprender muito.

Uma mulher entrou, amparada por um socorrista que nos cumprimentou sorrindo e explicou a Luzia:

— Achei Esmeralda no umbral com seus desafetos. Ela não está bem.

Deitou-a no divã e saiu. Luzia segurou sua mão e falou com carinho:

— Esmeralda, por que não perdoa e segue seu caminho entre nós, que a amamos?

— Sabe que é justo meu ódio e que tenho de me vingar — respondeu a mulher.

— Ódio nenhum é justo e ninguém se vinga impunemente. Se você faz alguém sofrer, sofre mais que eles — a atendente carinhosamente tentou elucidá-la.

— Hoje está enfeitado aqui! É tão bom ver jovens querendo aprender! — exclamou Esmeralda, olhando-nos. Depois de uma pausa de segundos, falou novamente: — Se vocês estão aqui para aprender, será interessante eu contar por que quero me vingar. Eu tinha uma família feliz. Marido trabalhador e três filhos, que nunca nos deram preocupações. Fomos assaltados, ficamos como reféns na nossa própria casa. Um dos assaltantes quis levar minha filha de treze anos para o quarto para estuprá-la. Tentei impedir e ele me matou. Depois de ter atirado em mim, eles fugiram. E nossa vida se modificou, eles sofrem, e eu mais ainda. Não queria ter desencarnado, termo que vocês usam, revoltei-me contra os assassinos e quis me vingar. Esses assaltantes eram jovens, foram presos, *assassinados e estão no umbral. Acho certo eu os castigar. Vigio-os, porque estão presos num buraco, e o castigo deles é ficar sem as drogas. Agora, desencarnados, eles não podem consumi-las, mas usufruem dos fluidos dos encarnados que as utilizam. O umbral é um horror! Lutei com eles esta noite, machuquei-me, mas não os deixei fugir. Vim para cá, e dois amigos meus que também querem vingar-se deles ficaram vigiando-os. Como vê, não sou um monstro, mas sou infeliz!*

Esmeralda enxugou umas lágrimas, e nós, as meninas do grupo, também secamos algumas. Ulisses perguntou:

— *A senhora se acha corajosa por enfrentar esses desencarnados?*

— *Acho! Sou corajosa!* — afirmou ela.

— *Pois eu não acho! Quem se vinga é covarde!* — expressou Ulisses. — *Somos desencarnados como a senhora, deixamos o corpo físico, afetos, sonhos e muitas outras coisas. Nós não temos sentimentos de perda. Sabe por quê? Porque a vida é uma só, única, vivemos em fases, no invólucro material e aqui no Plano Espiritual. Quando amamos de verdade, conseguimos gostar da vida em todas as suas fases. E, quando isso acontece, somos felizes em qualquer uma delas. A vida desencarnada é tão bela! Viver aqui no Plano Espiritual é tão esplêndido! Coragem seria se a senhora tivesse perdoado e se esforçado por amá-los.*

— *É fácil falar quando não sentiu o drama na pele!* — Esmeralda se aborreceu.

— *Eu, como a senhora, também fui assassinado. Meu desencarne foi parecido com o seu. A diferença é que não tenho autopiedade e não me sinto vítima, e a senhora sim. Trabalhava e estudava; era, graças a Deus, um garoto exemplar. Estava no meu serviço num banco que foi assaltado, me fizeram refém e mataram meu corpo físico. Porém, não mataram meu espírito, e continuei a viver sem mágoas ou revolta. Fui socorrido, dei valor a isso, fui e sou grato pelo carinho com que me trataram. Amava a vida e amo mais ainda. E como isso é bom! Os ladrões e assassinos eram viciados em tóxicos. Isso me fez querer conhecer mais sobre o assunto, e aqui estou, em estudo, para poder um dia ajudar os usuários com conhecimentos.*

— *Você vai ajudar quem o matou?!* — perguntou Esmeralda.

— *Por enquanto eles não querem ajuda, mas, se um dia quiserem e puder fazê-lo, irei ajudá-los. Não me liguei a eles, dona Esmeralda, pois não tenho raiva nem mágoa. A ação dessas pessoas é responsabilidade delas mesmas, e a reação virá independente de me vingar ou não. A senhora, com sua atitude, liga-se a eles e sofre junto.*

Esmeralda abaixou a cabeça e chorou, sentida. Luzia continuou segurando sua mão; estávamos em volta dela e oramos, demos-lhe um passe, ou seja, doamos energias salutares, desejamos a ela que perdoasse. Ela parou de chorar e disse, comovida:

— *Fazendo uma comparação entre nós dois, dá para entender quem está certo. Dona Luzia, por favor, quero mudar, perdoar, esquecer e recomeçar. Peço-lhe auxílio, pelo amor de Deus. Ajude-me!*

Até Luzia ficou com os olhos cheios de lágrimas. Abraçou-a e depois apertou um botão. Logo vieram do andar de cima dois servidores com uma maca, onde colocaram Esmeralda. Ela virou o rosto para nós, detendo o olhar em Ulisses, e disse comovida:

— *Meu jovem, não sei como lhe agradecer. Obrigada? É pouco! Que Deus o faça cada vez mais inteligente!*

Saíram, e Luzia falou a nós:

— *Acho que desta vez Esmeralda ficará conosco. Vai ficar abrigada no nosso posto um tempo; querendo realmente* melhorar-se, será transferida para uma colônia. Agora será higienizada e medicada; ela se recuperará logo.

— Tóxicos! Quantas tragédias acontecem por causa deles! — exclamou Larissa.

— Não é somente por causa de tóxicos que acontecem crimes e roubos, são muitos os motivos que levam imprudentes a cometer erros — expressou Luzia.

— Ela desejou a você sabedoria! Gostei disso! — mudei de assunto.

— Você sabe, Rosângela, que inteligência se conquista com trabalho e estudo. Foi sincero o que ela me desejou, senti vontade de desenvolver mais ainda minha capacidade de aprender para servir com sabedoria.

— Emocionei-me quando você falou que ama a vida. Eu também amo! Por isso não seria capaz de fazer nada que prejudicasse meu corpo físico nem meu espírito — afirmou Edu, sorrindo.

— Maria Laura está chamando vocês. É para irem ao salão de palestras — disse um senhor que entrou na sala.

Larissa foi até a porta, olhou para fora e exclamou:

— Aquele homem está lá fora!

— Quando vocês saírem, vou chamá-lo — disse Luzia, sorrindo. Abraçamo-la, agradecemos e fomos para o salão onde éramos esperados.

CINCO

Maria Laura nos recebeu sorrindo:

— *Garotos, vamos ao nosso primeiro pedido!*

Saímos à rua, andando como se fôssemos encarnados, entre eles.

— *Fazia tempo que não andava assim pelas ruas de uma cidade terrestre! Muito bom! No entanto, é engraçado!* — Ricardo riu.

Eu também estranhei, quase sempre, quando trabalhamos entre os encarnados, volitamos. Isto é, nos locomovemos de um lugar para outro impulsionando nosso corpo espiritual, o perispírito, e este vai pela força do nosso pensamento, como se voasse. Não são todos os desencarnados que fazem isso, é preciso saber, mas é fácil aprender. Esse conhecimento não é privilégio dos bem-intencionados, muitos desencarnados que ainda não fazem o bem também sabem. Andando nas ruas, lembrei-me do período encarnada e sorri; lembranças agradáveis são sempre bem-vindas.

Logo depois que desencarnei fiquei curiosa para saber o que aconteceria se eu desse um encontrão num encarnado. Quando vim pela primeira vez ao Plano Físico compreendi. Não acontece nada, porque não há topada. Os dois planos não colidem. Quando queremos, passamos por um corpo sólido, atravessamo-lo como se nos fosse uma névoa. Nem nós nem o outro sentimos nada. É bem interessante. O encarnado não precisa ter medo. São duas espécies de matéria diferentes, e esses encontrões não acontecem a toda hora. O que entra em contato são mentes, assim mesmo, esse intercâmbio não é tão fácil.

Estávamos nos deliciando andando pelas ruas. Chegamos a uma praça onde havia um grupo de encarnados e, junto deles, uns desencarnados. Com a turma estava um moço; julgamos que fosse jovem porque era difícil dar um palpite sobre a idade em que ele estava quando desencarnou. Era muito magro, com calças verdes sujas e rasgadas e uma camiseta que deveria ter sido branca um dia. Era muito pálido, tinha olhos saltados e respiração ofegante. Estava sentado no chão ao lado de um banco. Quieto, triste, cruzara as mãos sobre os joelhos.

— *Marcelinho!* — chamou Maria Laura, com delicadeza.

Ele tentou se levantar e quase caiu. Ricardo o amparou.

— *Sou eu!* — respondeu ele, com dificuldade. Olhou-nos e começou a chorar. — *Desculpem-me, tenho chorado à toa ultimamente.*

— *Marcelinho, você sabe quem somos?* — perguntou nossa instrutora.

— *São desencarnados bons* — respondeu ele.

— *Ele sabe que mudou de plano* — comentou Larissa para Carla.

Marcelinho escutou, olhou para ela e disse:

— *Sei, sim, senhora. Sou um desencarnado que continua a viver miseravelmente.*

— *Você tem pedido ajuda, e viemos aqui para saber o que quer de fato* — disse Maria Laura.

— *Quero viver com dignidade! Quero estar como minha mãe pensa que estou. Ela me imagina feliz e longe das drogas, que consumiram meu corpo físico. Por favor, me ajudem!*

Maria Laura, experiente, sabe somente de olhar se o pedinte fala a verdade ou não, expressou:

— *Está disposto a fazer direitinho tudo que lhe for pedido? Nossas casas de socorro têm ordem e disciplina e você irá fazer um tratamento e lá não se pode ter vícios.*

— *Quero me livrar desta dependência! Pensei que, com a morte do meu corpo material, ficaria livre das drogas. Mas que decepção, não fiquei! Entendo agora que me libertarei quando quiser e com ajuda. Porque não basta receber auxílio, tenho de querer mudar. E a luta será somente minha* — falou Marcelinho, devagar e ofegante.

— *Você sabe de muitas coisas!* — Ricardo admirou.

— *É o pessoal do Grupo Esperança que tem dito tudo isso* — contou Marcelinho.

— *Venha conosco. Vamos levá-lo a um abrigo, onde ficará nos aguardando, pois temos de ver outros necessitados. Depois, iremos para uma cidade no espaço, que também chamamos de colônia. Lá, irá para um hospital onde se recuperará e estará, em breve, como sua mãe deseja* — determinou Maria Laura.

— *Obrigado!* — agradeceu Marcelinho.

Voltamos com ele para o posto; Ricardo e Edu o ampararam. Fomos à sala que fora destinada aos nossos socorridos. Maria Laura medicou Marcelinho e fez sua higiene, ajudou-o a trocar de roupa, deixou uma bandeja com alimentos e falou calmamente:

— *Depois que se alimentar, deite e durma, meu garoto!*

— *Desculpe pelo choro novamente, mas há tanto tempo não deito numa cama, não sou tratado com tanto carinho. Obrigado!*

Saímos do quarto. No corredor, Larissa comentou:

— *Maria Laura, sempre achei estranho desencarnados se alimentarem. Eu mesma, nas primeiras semanas no Plano Espiritual, o fiz. Se, quando encarnada, tivesse tomado conhecimento desse fato, teria dito que era fantasioso.*

— *Vocês mesmos já concluíram que a vida na espiritualidade é parecida com a do Plano Físico, isso pela bondade de Deus, para que não estranhássemos tanto a mudança. E, mesmo sendo parecida, muitos acham que é diferente e não querem aceitá-la. Desencarnados que não sabem viver como tal têm os reflexos do físico e somente aos poucos aprendem a viver sem eles. Esse tempo de aprendizagem não é igual para todos. Enquanto uns o fazem em dias, outros demoram. E os que vagam não têm esses conhecimentos, continuam com os reflexos e suas necessidades.*

— *Marcelinho era usuário de que droga?* — perguntou Carla, curiosa.

— *Crack* — respondeu Maria Laura.

— *Essa droga mata mesmo!* — expressou Ricardo.

— *Marcelinho se referiu a um grupo... o Esperança. Quem são eles?* — Carla quis saber.

— Existem pessoas dispostas a ajudar esses usuários e que muito têm feito em benefício deles — elucidou nossa instrutora. *— O Grupo Esperança é composto de desencarnados que acompanham uma equipe de encarnados que se unem e saem para ajudar, para conversar com os toxicômanos pelas ruas da cidade. Enquanto os encarnados orientam os que têm corpo físico, o Grupo Esperança conversa com os desencarnados. E ambos têm ajudado muito. Vamos voltar lá, já é noite, e, pelo que Albino me contou, hoje as equipes estarão logo mais na pracinha.*

Voltamos à praça. Havia aumentado o número de toxicômanos, tanto dos que estavam no físico quanto também dos que haviam mudado de plano. Eles conversavam. Aproximamo-nos e escutamos um encarnado falar:

— O Tavinho morreu na semana passada. Abusou do *crack* e este o foi matando aos poucos. Passou mal e levaram-no para o hospital, mas não aguentou e faleceu.

— Que pena! Mas é um a menos para sofrer como nós — lamentou uma garota.

— Coitado do Tavinho, parece um farrapo. Está insano, num canto, lá no umbral — disse um desencarnado.

— Vocês sabem que os traficantes não estão querendo mais vender *crack*? É isso mesmo! Essa droga está matando muito. E como morto não dá lucro, eles estão pensando em substituí-la — comentou um dos encarnados.

— Ouviram isso? Será verdade? — perguntou Larissa.

— Sim, é. Mas não é por bondade deles — Maria Laura suspirou. *— De fato, o crack está fazendo muitas vítimas fatais, o que tem deixado os usuários com medo. Assim, com a morte dos viciados, os traficantes têm receio de que o número de clientes diminua.*

— Mas outras drogas também matam — eu disse.

— *Sim, porém mais devagar* — opinou Ulisses.

— *Quantos erros cometem os traficantes!* — lastimei.

— *São responsáveis por muitas desgraças e infelicidades!* — exclamou Ricardo.

— *Mas não obrigam ninguém a se viciar. A escolha é de cada um!* — comentou Ulisses.

Nisso chegaram as duas equipes de socorro. Uma era composta de cinco encarnados e a outra, de doze desencarnados, que nos cumprimentaram sorrindo.

Os cinco encarnados eram conhecidos dos toxicômanos e passaram a conversar com eles, como também o Grupo Esperança foi dialogar com aqueles que não tinham o invólucro físico. Ficamos ouvindo. Eu me aproximei dos encarnados. Um dos usuários queixou-se a uma senhora:

— Dona Olívia, Tavinho morreu. Fiquei triste!

— Era jovem, foi sadio, tinha o corpo sem deficiência, perdeu muitas oportunidades: de trabalhar, casar, ter filhos. Olavo, pense bem, se continuar a usar drogas, acabará como ele. É isso que você quer? Lembre-se de seus pais, eles sofrem por você.

O mocinho começou a chorar e lamentou sentido:

— Não consigo largar este vício!

— Com nossa ajuda conseguirá! — a senhora o olhou amorosamente.

— Sou fraco! A droga me faz tanta falta como o ar que respiro. Sei que me faz mal. Vivo no inferno. Já fiz coisas erradas pelo meu vício, já roubei, estou acabando comigo e não consigo me libertar dele — Olavo se comoveu.

— Consigo uma internação para você, mas precisa querer se libertar dessa dependência — afirmou a senhora.

O DIFÍCIL CAMINHO DAS DROGAS

Olhei bem para o jovem, que talvez tivesse uns vinte e dois anos. Estava sujo, despenteado e sofria muito. Nisso, uma garota de uns dezoito anos se aproximou.

— Olavo, pare de choramingar a essa dona. Deixe disso! Está precisando de uma dose.

A senhora tentou conversar com ela, mas a garota foi grosseira, resmungou indelicadezas e se afastou.

Os desencarnados se agruparam. Conversavam. Uns se interessavam pelo assunto, outros não.

— *Estamos todos mortos!* — exclamou um dos ex-usuários de tóxicos.

— *Foi o corpo físico que morreu, nós continuamos vivos, mudamos de plano* — afirmou um senhor do Grupo Esperança.

— *Continuamos mesmo vivos, com as mesmas misérias. Às vezes penso que é tudo tão igual, outras vezes que é tão diferente. Ontem fui à casa de minha mãe, e ela não me viu. Sou uma coisa que deveria morrer mesmo, acabar* — lamentou uma mulher.

— *Não acabamos. Nosso corpo físico morreu, mas estamos mais vivos que antes. E até que estamos bem se comparados com outros. Tenho visto alguns que foram meus companheiros no vício e estão tão mal que nem sabem quem são. Não querendo ofender, chamo-os de loucos. É isso que são, dementes* — comentou um moço desencarnado.

— *Estão perturbados* — falou uma senhora do Grupo Esperança.

Mariozinho, um dos componentes dessa equipe maravilhosa, que realmente dá esperança a todos os que sofrem por ter se viciado, reuniu nosso grupo e explicou:

— *Trabalhamos tentando auxiliar quem tem dependência química, principalmente os toxicômanos. Participamos de um trabalho numa clínica de desintoxicação localizada aqui perto; é uma chácara bonita, onde encarnados fazem tratamento, e, no Plano Espiritual desse lugar, temos um espaço para os desencarnados, que é também nossa moradia. Saímos com essa equipe de encarnados e ajudamos muito o grupo dos Narcóticos Anônimos.*

— *Gostaria de conhecer o trabalho de vocês e também o NA* — pedi.

— *Estão convidados! Será um prazer recebê-los. Teremos esta semana uma reunião dos Narcóticos Anônimos e será muito bom tê-los conosco* — convidou Pedro, que orientava a equipe.

— *Pois iremos. Estaremos lá no horário marcado* — decidiu Maria Laura.

Alegramo-nos com o convite. Os grupos continuaram a orientá-los e nós ficamos observando; era um trabalho persistente. Foram embora, aparentemente sem nenhum resultado. Ninguém, nem do Plano Físico nem do Espiritual, acompanhou as equipes. Era, porém, uma semente lançada com muito amor e carinho, que acabaria dando frutos.

— *Maria Laura, se o Grupo Esperança tem um espaço na chácara onde mora e abriga alguns desencarnados e Marcelinho estava sempre a escutá-los, por que coube a nós socorrê-lo?* — perguntou Carla.

— *Você é curiosa!* — exclamou Larissa.

Rimos. Nossa instrutora respondeu:

— *É bom que perguntem tudo o que queiram saber. O Grupo Esperança tem ajudado mais os encarnados. O abrigo na chácara, para os necessitados sem o invólucro físico, é pequeno e temporário. Lá não há como fazer um tratamento como nos nossos hospitais das colônias. Marcelinho já esteve lá muitas vezes. No abrigo, recebeu orientação, seu estado geral melhorou,*

O DIFÍCIL CAMINHO DAS DROGAS

e ele ficou mais consciente. O trabalho do Grupo Esperança é muito importante; orientou Marcelinho, como a muitos outros, sobre o que deveria fazer, que é pedir ajuda para mudar.

— *Eles levam alguns socorridos para a colônia?* — perguntou Edu.

— *Dificilmente o fazem. Quando isso é necessário, eles pedem a nós* — esclareceu Maria Laura.

— *Cada um fazendo o que lhe cabe* — eu disse.

— *É isso aí. O Grupo Esperança tem o objetivo de auxiliar os que estão vivendo no físico, proteger a equipe encarnada, defendê-la de ataques de espíritos ignorantes e maldosos. Prestam muitos socorros. Quando acham que o socorrido precisa de uma medicação, levam-no ao pronto-socorro do centro espírita ou para o abrigo deles. Quando o socorrido quer mesmo mudar, eles o ensinam a pedir. Porque aquele que pede torna-se receptivo à ajuda. Foi isso que aconteceu com Marcelinho. Ensinaram-no e ele o fez. Com certeza, por ele ter pedido, saberá dar mais valor ao auxílio recebido.*

— *A diversidade é enorme nos trabalhos dos desencarnados. Acho isso o máximo!* — entusiasmou-se Ricardo.

— *Vamos agora até outro pedinte. É Carolina, uma jovem que desencarnou aos dezenove anos, assassinada. Era toxicômana. Ela está aqui perto* — disse Maria Laura.

Atravessamos a praça e seguimos por uma rua na qual, em virtude do horário avançado — era uma hora — e por ser dia de semana, havia poucos transeuntes. Andamos uns cinco quarteirões, e Maria Laura foi nos explicando:

— *Carolina tem pedido ajuda, ela reza de forma confusa. Às vezes acha que está no invólucro físico; em outras, não, pois já disseram a ela que seu corpo carnal morreu. Há sempre espíritos mal-intencionados que falam em gozação e de forma bruta para os desencarnados que vagam que estes mudaram de plano. Essa garota, quando encarnada, estava sempre por aqui, às vezes, quando tinha dinheiro, pernoitava nesta pensão, onde também fazia programas. Agora está ali. Vamos entrar.*

Paramos em frente a um sobrado, passamos por uma porta estreita e nos defrontamos com uma escada suja e deteriorada. Subimos calados. O local estava repleto de fluidos nocivos.

Larissa encostou em mim. Olhei para ela, que falou:

— *É melhor ficarmos bem perto, não sei o que pode acontecer.*

— *Não vai acontecer nada de que possa ter medo, Larissa* — afirmou Ulisses. — Não sei por que você teme tanto!

— *Sou somente precavida* — respondeu Larissa.

Sorrimos. Entendemos que muitos quartos ali naquele corredor comprido eram para encontros. Estávamos curiosos e observamos tudo detalhadamente. Era a primeira vez que nós, estudantes, íamos a um lugar como aquele. Nossa instrutora parou em frente a uma porta e recomendou a nós:

— *Vamos atravessá-la! Peço-lhes que não deixem a curiosidade impedi-los de ajudar. Vamos analisar o pedido de Carolina.*

Atravessamos a porta, que para os encarnados estava fechada. Para fazer isso é preciso saber. É fácil, mas desencarnados que não sabem que fizeram a mudança de plano ou se iludem não fazem isso, agem como se estivessem no Plano Físico. Para nós, que temos o corpo perispiritual, atravessar a matéria sólida é simples. Basta querer, concentrar-se e sentir-se capaz de fazê-lo. Aprendemos isso num curso e, quando saímos em uma excursão como esta que fizemos, todos têm de saber.

O quarto estava na penumbra, era simples, tinha uma cama de casal, um pequeno armário e duas cadeiras. Sentada num canto no chão, estava Carolina. Devia ter chorado muito, estava encolhida, com roupas imundas e rasgadas, cabelos sujos, mas penteados.

— *Carolina!* — Maria Laura a chamou baixinho, ajoelhando-se perto dela.

Ela olhou para nós, devia ter nos visto de forma confusa. Encolheu-se mais para o canto.

— *Como você está, Carolina?* — perguntou Carla.

— *Muito mal, sofrendo bastante* — queixou-se ela, baixinho.

— *Estamos aqui para ajudá-la* — falou Larissa.

— *Quem são vocês? O Pessoal do Pó?*[1] — indagou Carolina.

— *Não, somos desencarnados que tentam atender quem pede ajuda ao Pai Celeste* — explicou Maria Laura.

— *Vieram me auxiliar?* — perguntou Carolina, entusiasmando-se. — *Pois bem, quero ajuda. Primeiro me tirem deste sonho ruim, ou melhor, pesadelo, em que me dizem que estou morta. Segundo, quero estar mais sadia, sem dores, e quero uma roupa nova, melhor.*

— *Para que tudo isso?* — perguntou Ulisses.

— *Vou sair por aí, fazer uns bons programas e ter dinheiro para comprar...* — disse ela. Fez uma pausa, observou-nos melhor e continuou a falar, devagar: — *Vocês são contra as drogas?*

— *Somos a favor de uma vida digna, almejamos o bem de todos. Nada que nos prejudique é bom* — elucidou Maria Laura.

— *Vocês são estranhos! Abriram a porta para entrar?* — perguntou Carolina.

— *Não* — respondeu Edu.

---

1 N.A.E. Como soubemos depois, Pessoal do Pó ou P.P. era a designação para um grupo de desencarnados que foram traficantes ou usuários quando estavam no corpo físico. Lembro a meus leitores que essas denominações, na maioria, são específicas para grupos, mas podem ser também regionais e passageiras.

— *Ai! Será que são como os outros que entram e saem passando pelas paredes? São os tais desencarnados? Mas vocês são diferentes!* — ela se assustando.

— *Carolina, o corpo físico morre. Somos espíritos que sobrevivem à morte da carne. Quando isso acontece, continuamos nossa vida: os bons procurando ser cada vez melhores; os imprudentes, infelizmente, fazendo maldades; e outros, como você, preferindo iludir-se e não aceitar a realidade* — explicou Maria Laura com ternura, segurando a mão dela.

— *Então é verdade que Paulão me matou? Mas isso não pode ficar assim! Me ajudem! Vou melhorar e dar uma lição nele. Nunca mais vai assassinar ninguém* — gritou Carolina.

— *Estamos aqui para tentar ajudá-la* — disse Ricardo. — *Mas não podemos fazer o que nos pede. O auxílio que temos para lhe dar é outro. Nós a convidamos a vir conosco. Em nossos abrigos, terá amizade sincera, aprenderá a viver com dignidade como desencarnada, e oferecemos tratamento para que se liberte de seus vícios.*

— *Não vou poder cheirar, injetar? Nada?* — perguntou ela.

— *Não* — respondeu Maria Laura.

— *Não quero isso! Não estou a fim do que me oferecem. Obrigada! Ai, meu Deus, me ajude!* — rogou Carolina.

Oramos por ela, transmitindo-lhe fluidos salutares. Ela ficou quieta, observando. Edu orou um Pai-Nosso, e ela tentou acompanhar. Ulisses orou uma Ave-Maria, modificando a parte final:

— *Boníssima Maria, mãe de Jesus, nosso Mestre Maior, protegei Carolina, inspirai-a no bem. Que seu amor maternal a envolva hoje e sempre. Amém!*

Carolina tentou dar um sorriso e continuou quieta no canto do quarto. Saímos. Larissa aproximou-se bem de Maria Laura, olhou para Ulisses e disse:

O DIFÍCIL CAMINHO DAS DROGAS

— *É por cautela!*

Foi um alívio sair daquele prédio. Caminhamos pelas ruas rumo ao posto do centro espírita.

— *Que acontecerá com Carolina?* — Ricardo quis saber.

— *Será visitada outras vezes* — respondeu Maria Laura. — *Pedidos não ficam sem respostas. Não podemos atender ao que ela quer no momento. Acabará compreendendo que necessita de outra coisa. E, quando quiser o que temos a dar, será levada para um socorro.*

— *Será que, se ela se esforçasse um pouco, não entenderia que tem necessidade de socorro?* — perguntei.

— *Ela tem livre-arbítrio, não é justo levá-la para um socorro que não quer, porque daria trabalho triplicado aos servidores das enfermarias* — instruiu nossa instrutora.

— *Entendi* — informei. — *Não podemos dar trabalho aos outros. Se quisermos fazer algo extra, cabe a nós fazer. E Carolina não está em condições de receber o que os trabalhadores do bem têm para oferecer.*

Chegamos ao posto. Maria Laura determinou:

— *Vamos para a sala a nós destinada. Vamos descansar até que o sol desponte.*

Marcelinho dormia. Acomodamo-nos. Sentei numa poltrona e repassei todos os acontecimentos. Estava amando esse estudo.

SEIS

Uma música suave nos despertou, e Maria Laura convidou-nos:

— *Vamos ao salão, faremos a prece para iniciar o dia, que espero ser proveitoso.*

O salão lotou, havia trabalhadores do posto e alguns abrigados que já estavam melhor. Albino leu um texto do *Evangelho*, fez uma pequena explanação e orou um Pai-Nosso. Depois rogou a Deus:

— *Nosso Pai Celeste, esteja sempre conosco e que possamos sentir Sua presença em nós e no nosso próximo. Sabemos que o Senhor socorre um filho por outro e que nos ama igualmente, por isso, Pai Amoroso, ajuda-nos a amar a todos como irmãos que somos!* — Albino terminou a oração, olhou sorrindo para nós e desejou gentilmente: — *A todos um excelente dia, que nosso trabalho dê bons frutos!*

Rapidamente todos saíram do salão, tinham muito o que fazer. Maria Laura nos informou:

— *Vamos ao umbral, temos, na lista, pedidos para serem analisados.*

— *No umbral?* — perguntou Larissa.

— *Você está com medo de ir lá?* — indagou Ricardo.

— *Não tenho medo, mas é que a zona umbralina me causa arrepios* — respondeu Larissa.

— *Entendo você, Larissa* — falei. — *Mas devemos estar cientes de que lá é um lugar onde moram muitos desencarnados. Na zona umbralina, uns sofrem, e a dor tenta ensiná-los. Se o lugar não é agradável para nós, devemos dar graças por não estarmos lá e pensar que podemos ajudar quem quer sair de lá.*

— *Quando fiz o curso para conhecer o Plano Espiritual* — contou Ulisses —, *vim a saber da existência do umbral, e achei que era impossível alguém querer viver nele e os bons permitirem que desencarnados sofressem por lá. Isso estava me incomodando e expus minha opinião na sala de aula. Lembro bem que recebi três respostas que me levaram a compreender essa morada temporária de muitos. A primeira foi de uma colega, que falou: "— Desencarnei e fui para o umbral porque lá era o melhor lugar para mim naquele momento. Não queria estar com os bons nem era merecedora de estar num lugar de ordem e disciplina. Egoísta, queria só receber; orgulhosa, achava que deveria ser servida e era arrogante com quem servia. Foi lá que compreendi que não estava agindo certo. Sofri, mas aprendi. Quando fui socorrida dei valor e fiquei agradecida". O segundo depoimento foi de uma companheira: "— Quando desencarnei, fui por merecimento para uma colônia. Mas meus dois filhos ao terem o corpo físico morto foram para esse local de agonias. A gente tem visão diferente de um lugar quando lá está quem amamos. Vi então a zona umbralina como uma escola para retardatários que, não aproveitando as oportunidades de aprender pelo amor, têm de aprender pela dor. Hoje, os dois foram socorridos e continuo vendo nessa morada um lugar de desencarnados imprudentes que necessitam ser amados como filhos e irmãos". Nosso instrutor assim expressou, dando a terceira opinião: "— Todas as moradas de sofrimento e maldades acabariam se não existisse quem as habitasse. Muitos gostam de lá porque se afinam. Gostos diferem. Você preferia estar num bar bebendo ou em um local orando? Num hospital servindo ou lá sendo servido? Em lugar de paz ou de guerra e conflito? Há os que gostam desse pedaço do Plano Espiritual, de suas cidades, organizações. Outros fingem gostar e há os que não gostam, mas por afinidade ficam, são atraídos para cá. Temos o livre-arbítrio, a liberdade de fazer o bem ou o mal, somos donos dessas ações, e a consequência dessas atitudes retorna para nós mesmos, independentemente da nossa aceitação ou vontade, porque fomos nós que a fizemos. Maldades se afinam com esse local de sofrimento. Não podemos socorrer todos os que lá estão sofrendo por uma simples razão: eles não querem nossa ajuda. Lembra, Ulisses: Tudo é temporário, o espírito sofre naquele lugar até que queira melhorar". Compreendi que o umbral é uma morada de irmãos. Adquiro conhecimentos todas as vezes que vou lá.*

— *Que dissertação comprida! Você não cansa de falar?* — perguntou Ricardo.

— *Desculpe-me, nem percebi que me excedi* — Ulisses sorriu.

— *Obrigada, Ulisses, você me ajudou com sua explanação. Vou tentar controlar meu receio* — afirmou Larissa.

— *Vamos, garotos, temos de voltar hoje à tarde* — determinou Maria Laura.

Fomos para a parte superior do posto, local somente existente no Plano Espiritual, entramos num aeróbus[1] , nos acomodamos e partimos em seguida. A viagem foi rápida, minutos depois estávamos no umbral, no local programado. Celestino, o condutor amável, avisou:

— *Garotos, estarei aqui às dezoito horas para retornarmos, mas se precisarem de mim ou que eu pegue vocês em outro local é só avisar.*

— *Como?* — perguntou Carla.

— *Pela telepatia, pensem em mim e informem o local. Até logo!* — despediu-se Celestino.

Partiu em seguida, tinha muito trabalho a fazer. Larissa ficou perto de Maria Laura. Descemos um vale com poucas árvores. Carla olhava tudo muito curiosa e justificou:

— *Aqui há tanta coisa diferente. Gosto de ver tudo!*

Edu suspirou triste. Nosso amigo era muito sensível, apiedava-se demais de todos. Andamos ligeiro, guiados pela nossa instrutora. Depois de termos caminhado por uns quarenta e cinco minutos, Maria Laura parou em frente a uma abertura numa rocha.

— *Aqui está Francisco, o Fran, para os amigos. Está preso aqui dentro. Vamos entrar!*

— *Não é perigoso?* — Larissa estava assustada.

Olhamos para ela, que continuou a falar apressada:

— *Se está preso foi porque alguém o prendeu, e este certamente não gostará que o soltemos.*

---

1 N.A.E. Aeróbus são veículos usados na espiritualidade para locomoção; são de diversos tamanhos e muito confortáveis.

— *Você tem razão, Larissa* — explicou nossa instrutora. — *Para um socorro que consiste em soltar, libertar um prisioneiro, temos de estudar todas as consequências que poderão ocorrer. Não sabemos ainda se vamos libertá-lo, vamos analisar a situação. Francisco não é um preso importante; está aqui atado a correntes, e é fácil para nós, socorristas, libertá-lo. É só mentalizar que os grilhões se abrirão. Presos que são alvos de interesse ficam em fortalezas ou nas prisões das cidades umbralinas, que são de difícil acesso. Em casos assim, não podemos ir. Quando são feitos esses resgates, quem os faz são as equipes socorristas experientes.*

Com a nossa entrada, três desencarnados que estavam lá olharam desconfiados para nós e saíram.

— *Fran! Francisco!* — chamou Maria Laura.

— *Aqui! Acho que sou eu!* — respondeu um garoto.

Fomos até ele. O garoto estava sentado no chão, com pouca roupa, sujo, fétido e muito magro. Tinha uma corrente que o prendia pelo tornozelo. Olhou para nós assustado. Junto dele estava outro jovem, em condições semelhantes, mas que não estava preso.

— *Qual dos dois é o Fran?* — perguntou Carla.

— *Sou eu! Este é o Rogério! Vocês são os anjos do Senhor? Vieram me ajudar?*

— *Você tem pedido socorro a Deus* — respondeu Maria Laura. — *Somos pessoas que trabalham tentando auxiliar. O que você quer?*

— *Sei que não mereço nada de bom, porque nada fiz para receber o bem. Mas sofro tanto! Quando no corpo físico, desprezei as oportunidades, afundei no vício das drogas, morri e aqui estou há tempos. Fui preso aqui por querer mudar. Quero ser bom, fazer o bem e não quero mais envolvimento com o tóxico.*

— *Você está consciente!* — comentou Ricardo.

— *Faz tempo que não me expresso com tanta clareza, não sei o que está acontecendo* — disse Francisco.

Maria Laura estava ao lado dele, tinha colocado as mãos espalmadas em cima de sua cabeça, transmitindo fluidos de harmonia.

— *Podemos levá-lo, cuidaremos de você. Mas no lugar para onde irá, você terá de cooperar sendo obediente, educado e grato* — esclareceu nossa instrutora.

— *Serei isso e muito mais* — afirmou Francisco, comovido.

— *Será que Rogério quer auxílio também?* — perguntou Edu.

— *Acho que não, ele só quer a droga. Tenho pena de deixá-lo. Conheci-o aqui no umbral e tenho tentado ajudá-lo, mas ele não entende nada. Já estive como ele, é muito triste este lugar, sofre-se muito* — contou Francisco.

Olhamos para Maria Laura e ficamos aliviados quando ela decidiu:

— *Fran, você ficará aqui nos esperando, logo mais pegaremos você e seu amigo. Vocês não ficarão juntos. Você irá para um centro de reabilitação, e ele, para um abrigo temporário.*

— *Vocês vão me levar mesmo? Muito obrigado! Ficarei esperando ansioso a volta de vocês.*

Saímos da abertura. Carla perguntou:

— *Maria Laura, e se na volta não encontrarmos mais o Fran?*

— *Ele quer ajuda e vai esperar* — falou Ricardo.

— *E se ele for levado pelo desencarnado que o prendeu?* — indagou novamente minha colega, curiosa.

— *Se isso acontecer, que faremos?* — Larissa quis saber.

— *Isso não vai acontecer* — afirmou Maria Laura. — *Quem o prendeu não tem muito interesse nele, o fez como castigo por ele ter querido mudar a forma de viver. Vamos levá-los embora daqui. Rogério irá para o abrigo do Grupo Esperança, onde ficará por um tempo, e dependerá dele receber uma ajuda maior. Quanto ao Francisco, analisamos seu caso e decidimos que será socorrido. Mas, se acontecer o que temem, se ele for retirado daqui e levado para outro lugar, bastará eu pensar nele que o encontrarei, e iremos pegá-lo onde estiver.*

— *Ai! Onde estiver? E se quem o prendeu estiver com ele?* — perguntou Larissa.

— Aí, o resgataremos — respondeu Maria Laura.

— *Não será perigoso?* — indagou Larissa.

— *Se eu sentir que o resgate será difícil, deixo vocês no posto e volto com socorristas experientes para levarmos Francisco.*

— *Isso que é firmeza! É assim que quero aprender a traba-lhar. Tem de ser feito e é feito!* — exclamou Ricardo.

— *Admiro você, Maria Laura! Por que trabalha com tanto empenho? Tem recebido algo em troca por isso?* — perguntou Carla.

— *Eu posso responder isso por ela* — intrometeu-se Ulisses. — *Maria Laura trabalha porque ama, preferiu servir a ser servida. Não o faz para ter algo em troca, para receber. Mas todo trabalho tem sua recompensa. O que se aprende fazendo é conhecimento adquirido, tesouro valioso. E a satisfação do bem realizado nos dá a alegria que nos leva a ser felizes.*

Nossa instrutora sorriu e falou, calmamente:

— *A Terra, planeta que habitamos, é a casa de todos nós. Se a quisermos melhor, temos de cooperar para isso. Faço porque tem de ser feito. Oferecendo o socorro a quem precisa e quer, este, quando estiver bem, poderá ser útil, pois todos nós, um dia, já necessitamos de auxílio. Bendito o que segue o exemplo de seu benfeitor. Tudo o que faço, meus jovens, tento amar, porque o amor é a luz que ilumina nossos caminhos.*

— *Não tinha pensado ainda no que você falou. Devemos cuidar da nossa casa. Bendita morada! Amo a Terra!* — concordou Ricardo sorrindo.

— *Esses socorridos aproveitam o bem recebido? São gratos?* — Carla quis saber.

— *Pode ser que muitos não aproveitem os benefícios recebidos e continuem doentes e necessitados* — Maria Laura esclareceu. — *Tenho a certeza de que uma pessoa aproveitou muito bem: eu mesma. O beneficiado recebeu o bem que alguém lhe fez, o benfeitor se tornou bom pelo bem que fez. Então, o principal beneficiado é o benfeitor. Por isso, recomendo a vocês amar todos e tudo que fazem. E para manifestar esse amor, fazê-lo forte e verdadeiro para que cresça, devemos praticar a caridade. É a caridade que atualiza, fortifica o amor.*

— *Que esclarecimento! Pena que muitos não conseguem entender como é bom fazer o bem* — suspirou Ricardo.

— *Vamos, garotos, o próximo a ser analisado está longe daqui. Andemos!* — convidou nossa instrutora.

Andar pelo umbral é ver sempre algo diferente, pois é muito diversificado. Encontramos desencarnados em grupo ou sozinhos, como também socorristas que nos cumprimentaram sorrindo. Alguns pararam para indagar se necessitávamos de algo. Vimos muitos imprudentes que se julgam maus ou que estão no caminho do erro, da maldade; estes só observam, olhando-nos com desprezo. Há os gozadores, os irônicos, que não perdem a oportunidade de um encontro assim para dizer palavras obscenas e ofensivas. E vimos os sofredores. Desses dá pena. Como estávamos ali para um trabalho determinado, passamos por eles sem nada dizer. Não é indiferença, é impossível ficar indiferente à dor alheia. Porém, sabemos que o trabalho somente dá bons frutos se houver ordem, disciplina e obediência a um planejamento.

O DIFÍCIL CAMINHO DAS DROGAS

Outros socorristas atenderiam a estes, mas também dentro de um critério e normas de socorro.

Enquanto caminhava, lembrei da minha companheira de trabalho, a médium que comigo escreve este livro. Iniciou seu trabalho de psicografia porque foi ajudada. Antes disso, ela e a família sofriam pela influência de espíritos inferiores. Foi-lhe explicado que poderia ser auxiliada ajudando os outros por meio da mediunidade. Para receber, passou a doar. Estudou e foi perseverante no seu trabalho. Recordou suas encarnações anteriores em que havia uma dívida com a literatura, empenhou-se em repará-la. Sentindo que a havia resgatado, compreendeu que precisava fazer mais e aprendeu a amar.

Agora, faz seu trabalho pelo prazer de desfrutar da companhia dos espíritos que com ela trabalham e porque beneficia a outros. Faz porque é bom. Ela se achava em dificuldade e foi auxiliada, teve o benefício, aproveitou para crescer e aprendeu a auxiliar. Não importa onde estejamos, no Plano Espiritual ou Físico, o importante é ser útil. Olhei para Maria Laura; quando encarnada, foi uma benfeitora e continua a sê-lo aqui. E que ensinamento profundo nos deu quando nos disse: "A Terra é nossa casa, cuidemos dela para torná-la uma morada boa a todos nós."

Chegamos a uma caverna grande. Era um salão de cor escura e suja. Entramos calados. O local era de livre acesso, isto é, não era guardado, entrava e saía quem quisesse. Havia pouca claridade.

— *Aqui é um ponto de encontro entre usuários de drogas encarnados e desencarnados. Os que vivem no físico, ao terem o corpo adormecido, vêm para cá, conversam, fazem festas. É um lugar agradável e de prazeres para eles. Porém, aqui é também um lugar frequentado por desencarnados que desejam* se vingar, prejudicar desafetos, tornando-os dependentes de drogas. Por isso é aberto — explicou nossa instrutora.

— Você está querendo nos dizer que alguns, para se vingar, incentivam outros a se viciar? — perguntou Carla.

— Minha colega — respondeu Ulisses —, não acha que um toxicômano ou um dependente de álcool não se dá mal sempre? Estamos vendo que as drogas aniquilam as pessoas, tanto com o físico quanto com o perispírito, e os envolvidos vêm a sofrer muito. É uma terrível forma de se vingar.

— De fato é uma vingança cruel. Porém não se pode obrigar outra pessoa a ser usuário, somente incentivar a isso — opinei.

— Bobo de quem atende a esses incentivos — disse Ricardo.

— À noite, aqui fica movimentado. Há um desencarnado que coordena, manda neste lugar. É o chefe, ele dá conselhos para quem quer se vingar — explicou nossa instrutora.

— Bem que minha mãe dizia para ouvir com cautela os conselhos, pois estes nem sempre são bons, e que devemos ter discernimento para julgar tudo o que ouvimos — comentou Edu.

— São muitos os que frequentam este lugar, e eles acham maravilhosas essas reuniões, o reino das drogas. Esse chefe tem facilidade para falar, faz discursos, que ele chama de palestras em favor das drogas, dos vícios, agrada os usuários, é educado, prestativo — continuou explicando Maria Laura.

— Uma pessoa perigosa! — exclamei.

— Espero que não o encontremos — balbuciou Larissa.

— Durante o dia aqui não é movimentado! — contou Maria Laura.

Observamos curiosos o local, estava realmente sossegado. A decoração era parecida com a de uma casa de show noturno. Seguimos Maria Laura, que foi a um dos cantos. Estavam sentadas no chão cinco pessoas, três jovens e duas mais velhas. Nossa instrutora se aproximou dos jovens e indagou:

— Você é a Dani?

— Sim, Dani, de Daniela — respondeu uma garota, olhando curiosa para nós. — *Quem são vocês? Querem conversar com o chefe? Ele não está, só vem após a meia-noite.*

— *Dani, sua mãe tem orado e pedido muito por você e também recebemos uma prece sua. Viemos ver o que se passa* — esclareceu Maria Laura, tranquilamente.

— *Vocês são do bem? Muito estranho!* — falou um dos homens que nos observava. — *Pensei que fossem diferentes. São anjos? Estão sem asas por quê? Foram jogados do alto no dia de limpeza?*

Ricardo achou graça e riu, Maria Laura olhou para ele, que compreendeu que era para ficar quieto e ele obedeceu de imediato.

— *Por que você acha que temos de ter asas?* — perguntou Edu.

— *Anjos sempre as têm, todos sabem disso* — respondeu o homem.

— *Não somos anjos* — explicou Maria Laura. — *Somos como vocês, desencarnados. Vivemos num corpo físico que morreu, continuamos vivos, e desejamos fazer o bem. Estamos tendo a oportunidade de auxiliar quem necessita e quer nossa ajuda.*

— *Aqui ninguém quer vocês ou seu auxílio, não somos miseráveis para pedir esmolas. Deem o fora!* — ordenou em tom alto um moço que estava perto de Dani.

— *Fique quieto, Lalau!* — mandou Daniela. — *A conversa é comigo. Os senhores estão enganados, não preciso de auxílio. Estou bem aqui e não quero nada dos que se julgam bons. Sei que vocês são chatos e vivem na chatice, amolando os outros. Que nunca se divertem. Sei que a coitada de minha mãe, como sempre preocupada comigo, quer que eu esteja bem. Pois eu estou ótima, não como ela quer, mas como eu quero.*

— *Mas você pediu socorro!* — exclamou Ulisses.

— *Foi num momento de fraqueza!* — justificou a garota. — *Minha mãe me enche tanto, diz lá em suas orações para eu pedir ajuda, aceitar um socorro, que acabei por pedir. Não pensei que vocês viessem me ver aqui.*

— *Você acha que está bem? Está feliz?* — perguntei.

— *Nada é perfeito! Claro que temos algumas dificuldades. Este aqui é o Lalau, um conhecido meu. Foi morto numa chacina, quer se vingar. Está um tanto difícil realizar essa vingança, porque quem o matou é muito mau e amigo dos vingadores daqui. Mas ele está conseguindo que uma filha desse assassino se vicie. Para receber essa ajuda ele trabalha muito para o chefe.*

— *Que deslealdade! Deixa que outro se vingue do próprio amigo!* — Carla se indignou.

— *Por que tanto espanto, anjinha fajuta? Aqui é como no Plano Físico, ninguém confia em ninguém. É cada um para si e contra todos* — Lalau gargalhou.

— *A conversa acabou, não quero mais falar com vocês. Vão embora!* — ordenou Daniela.

— *Daniela, será que não quer mesmo mudar de vida? Conhecer outra maneira de viver desencarnada? Um lugar onde reine a harmonia, a lealdade, onde se confia nas pessoas?* — perguntou Maria Laura.

— *Você acha que sou confiável? A primeira coisa que faria num lugar assim seria uma intriga para fazer brigar essas anjinhas com expressões tolas. Sempre odiei meninas certinhas. Saiam daqui, me deixem, por favor. Fora!* — gritou Daniela.

— *Dani, mas você pediu ajuda. Você...* — disse Edu.

A garota não o deixou terminar de falar e se alterou:

— *Já disse que foi uma recaída. Vocês já me encheram demais. Caiam fora!*

Maria Laura nos convidou com um gesto de cabeça a sair. Do lado de fora, Carla indagou, curiosa:

— *Maria Laura, o que se passa com Dani? Não entendi bem esse caso.*

— *A oração tem grande poder. A mãe de Daniela ora por ela, e esta recebe fluidos de carinho. Num desses momentos, Dani pediu ajuda. Porém oscila, ora querendo e logo em seguida não querendo mais* — explicou nossa instrutora.

— *Talvez, se estivesse sozinha, longe de Lalau, mudasse de opinião* — opinou Edu.

— *Ela não quis nosso auxílio. Creio que mudará de opinião e logo essa garota vai querer ficar conosco* — falou Maria Laura.

— *Amor de mãe é o farol que nos ilumina. Também acho que a mãe de Dani vai conseguir mudá-la* — desejei.

— *Larissa, você está muito quieta. Que aconteceu?* — perguntou Ricardo.

— *Fiquei preocupada. O chefe poderia aparecer* — respondeu Larissa.

— *Pois, se aparecesse, não aconteceria nada. Já o vi muitas vezes, me encontrei certa vez com ele aqui, foi educado, me cumprimentou e me perguntou quem procurava. Ele acha que, quando um dos frequentadores daqui não quer mais o que o local tem para oferecer, deve mesmo ir embora* — elucidou Maria Laura.

— *Ele é terrível mesmo! Deve iludir, enganar muitos!* — exclamou Ulisses.

— *Engana mesmo! Ele é querido neste lugar, endeusado, embora seja temido. Todos sabem que se o desobedecerem o castigo é cruel. Mas, quando ele quer castigar alguém, leva para outro lugar. Aqui tudo é divertido, fácil, oferece prazer, meios de vingança* — explicou nossa instrutora.

— *E os imprudentes caem nessa armadilha, afundando no erro cada vez mais, fazendo ações das quais um dia receberão a reação. Os frequentadores daqui são escravos que se iludem, acreditando-se livres para fazer o que quiserem* — concluiu Ulisses.

— *E esse chefe? Ninguém tentou conversar com ele?* — perguntei.

— *Rosângela* — respondeu Maria Laura —, *já tentamos falar com ele. Como disse, ele é educado, por vezes escuta e sorri. Somos livres para fazer o que queremos, esse chefe também é. Usa mal sua liberdade, um dia terá de dar conta do que faz. Ele é cínico, maldoso, hipócrita. Fala que não faz mal, mas o bem, para quem frequenta essa caverna. Ilude a muitos, mas não esqueçamos de que ele engana quem quer e aceita ser enganado.*

— *Jesus disse: "Ai dos hipócritas!" Quem, para iludir, finge ser o que não é, na minha opinião, erra mais* — Ulisses suspirou.

— *Ulisses, você é um sabidão!* — elogiou Ricardo.

— *Ora, eu só estudo!* — respondeu Ulisses.

Fomos caminhando pelo umbral, conversando baixinho. Seguimos Maria Laura, que conhecia bem aquela região.

SETE

— *Logo ali, atrás daquelas pedras, está Maria Cecília, outra que terá o pedido analisado* — mostrou nossa instrutora.

Nesse pedaço do umbral havia muitas rochas cinzentas e algumas tinham aberturas, formando buracos ou pequenas crateras. Subimos, descemos e chegamos a uma cavidade. Lá estavam Maria Cecília e outro jovem, que estava largado, sem se movimentar, com os olhos parados, boca aberta e babando. Ambos estavam sujos e fétidos.

— *Maria Cecília?* — chamou Maria Laura com carinho.

— *Sou eu, senhora! Como vocês estão limpos! São visitantes? Estão mortos?* — perguntou ela.

— *Somos desencarnados como vocês. Já tivemos o corpo físico. Moramos em outro local, muito bonito, onde se estuda, trabalha, por isso estamos limpos. Estamos aqui em resposta ao seu pedido de ajuda* — respondeu Maria Laura.

— *Verdade?* — Ela sentou-se, antes estava deitada, com a cabeça apoiada numa pedra. — *Vocês são pessoas que ajudam? Será que podem me auxiliar?*

— *Vamos ver primeiro se podemos fazer o que quer* — respondeu Ricardo.

Maria Laura olhou para Ricardo, que tossiu baixinho. Entendeu que não era para ter dito isso a ela. Maria Cecília olhou para ele, começou a chorar e falou depressa:

— *Não sei o que tenho de fazer, como pedir que vocês me ajudem. Quero um socorro. Me ajudem, pelo Amor de Deus!*

— *Maria Cecília, não chore! Diga para nós o que quer!* — pediu Maria Laura.

— *Não sei o que falo, tenho medo de dizer alguma coisa que ofenda vocês e aí não me ajudem* — Maria Cecília suspirou.

— *Vamos levá-la! Terá um lugar confortável para ficar, aprenderá a viver com dignidade sem o corpo físico, fará um tratamento que a livrará da vontade de usar drogas* — falou Maria Laura, carinhosamente.

— *Ficarei limpa?* — perguntou a garota.

— *Sim, ficará!* — afirmou nossa instrutora.

— *Por favor, me leve, não se arrependerão. Quero sarar, ser boa, vou aprender tudo direitinho e serei obediente* — prometeu ela, falando depressa.

— *Pois vamos!* — decidiu Maria Laura, dando-lhe a mão.

— *E ele? Como ficará?* — perguntou Maria Cecília, apontando para o jovem que estava ali com ela.

— *Você o conhece? São amigos?* — indagou Carla.

— Não sei nem como ele se chama. Encontrei-o aqui, foi largado por um bando de maldosos, está assim parado, às vezes balbucia algumas palavras, aperta minha mão e me pede socorro. Tenho cuidado dele do meu modo, não sei como ajudá-lo. Tenho pena de deixá-lo aqui sozinho — Maria Cecília chorou.

— É por isso que podemos ajudá-la, Maria Cecília. Está pronta para receber porque já quer ser útil — disse Edu e, virando-se para Maria Laura, perguntou: *— Não podemos levá-lo?*

— O nome dele não consta em nossa lista de análise — observou nossa instrutora. *— Mas podemos levá-lo para o abrigo do Grupo Esperança, lá ele melhorará e, aí, dependerá de seu esforço pessoal receber uma ajuda maior. Maria Cecília, nós vamos levar esse jovem e podemos dizer que ele é seu amigo, porque amigo é o que ajuda. Não ficarão juntos, mas ele será bem tratado e ficará bem.*

— Obrigado! E... — Maria Cecília começou a chorar de novo.

— De nada! Não precisa chorar mais! Está resolvido! — afirmou Ricardo.

— É que... — Maria Cecília chorou mais alto.

— Fale, garota! Que quer? — perguntou Maria Laura.

Ela enxugou o rosto com as mãos e respondeu:

— Tenho um amigo, o Tato, que está num abrigo logo ali. Queria vê-lo antes de ir embora. Nunca tive coragem de pedir a eles, tenho medo de chegar perto do casarão, eles têm dispositivos de ataque. E eu só queria saber dele...

— Conheço o abrigo de que fala. É um posto de socorro que auxilia os encarnados que tiveram a imprudência de matar o próprio invólucro físico. Eles não atacam, apenas se defendem, quando necessário, de ataques de espíritos mal-intencionados — explicou Maria Laura.

— *Você não precisa ter medo de se aproximar, eles sabem bem a intenção de quem chega perto do posto* — disse Edu e, virando-se para nossa instrutora, pediu: — *Será que não podemos atendê-la?*

— *Vou falar a vocês sobre o Tato* — contou Maria Cecília. — *Éramos namorados, nos queríamos bem, mas nos envolvemos com tóxico, que somente nos trouxe desgraça. Penso tanto como seria diferente se tivéssemos dito não às drogas. Estaríamos ainda no físico, porque desencarnamos antes do previsto, estaríamos namorando, estudando e fazendo planos para viajar, casar e ter filhos. Mas, em vez disso, estamos sofrendo e fizemos sofrer. Nossos pais sentiram demais e saber, sentir, que sofrem por nós é bem triste e agonizante. Tato tinha uns amigos usuários de drogas que estavam sempre oferecendo drogas a ele. Uma vez, numa festa, ele acabou por experimentar, e eu, para agradá-lo ou para mostrar que não tinha medo e era a namorada ideal, que concordava com tudo, também o fiz. Não gostei, não me senti bem, mas Tato gostou e por mais duas vezes usamos junto de amigos. Uma noite, saímos de carro. Tato parou num local isolado e me mostrou a droga: "Maria Cecília, disse ele, veja o que consegui para nós." Quis protestar, mas ele não me deixou falar e usamos mais do que deveríamos. Eu tive uma parada cardíaca por overdose e Tato nem percebeu, porque também usou uma dose maior, com ele nada aconteceu. No outro dia de manhã, encontraram o carro conosco dentro. Digo conosco porque meu corpo físico morreu, mas eu não, continuei viva, em lastimável estado. Foi um escândalo. Ele foi internado, e eu, sepultada. Socorristas que trabalhavam no lugar onde fui velada desligaram-me do corpo carnal antes de ele ir para o túmulo.*

Fiquei apavorada, perturbada e revoltada: não quis ficar no abrigo do cemitério, saí e fui vagar, em desespero. Tato não se conformava, se sentiu culpado pelo que me aconteceu e, num ato de desespero, se suicidou. Pegou um revólver de seu pai e atirou na própria cabeça.

Maria Cecília deu um longo e profundo suspiro, fez uma pequena pausa e continuou a contar:

— *Um fato triste, uma tragédia em que muitos sofreram. A família de Tato é espírita e tem orado, pedido muito por nós. Acho que foi por isso que fui melhorando. As orações que fazem por mim me acalmam. Entendi que não adianta me revoltar, eu tive culpa e paguei caro por esse erro. Meu ex-namorado foi levado para esse abrigo, o casarão de que lhes falei. Foi um senhor que me disse ser o avô dele, que morreu faz tempo, que o levou para lá. Esse senhor conversou muito comigo e então melhorei meu raciocínio e fiz o que ele me recomendou: que orasse, pedisse perdão e rogasse por ajuda, que receberia. Nunca mais vi o Tato, queria vê-lo, me despedir dele. Somente assim irei mais tranquila.*

Maria Cecília ficou cansada após falar tanto, e Maria Laura bondosamente passou as mãos na cabeça dela e disse com carinho:

— *Vou tentar atendê-la! Vocês esperem aqui. Vou até esse posto de socorro e pedirei esse favor a eles. Não cabe a mim dar permissão, mas aos trabalhadores da casa.*

Nossa instrutora voltou minutos depois. Então nos falou, sorrindo:

— *Vamos! Tive permissão para você visitá-lo! Quero que um de vocês fique aqui com esse jovem para impedi-lo de sair daqui.*

— *Eu fico!* — decidiu Ulisses.

Caminhamos. De fato, o posto não estava longe. Era uma construção grande, murada. De fora, vimos uma claridade existente nele, paramos em frente. Nossa instrutora entrou em contato mental com eles e foi aberto o portão; entramos.

Para mim, não existe local de socorro no Plano Espiritual que não seja bonito. Pessoas simples e amantes da natureza veem beleza neles, e pode ser que outras não achem nenhum atrativo. Mas todos são confortáveis sem serem luxuosos, há jardins com plantas e flores. Maria Laura explicou:

— *Esta casa abriga aqueles que por imprudência encerraram antes do previsto a vida no corpo físico.*

— *Ou seja, os suicidas* — concluiu Ricardo.

— *Aqui ficam por um período, o necessário a cada um, depois são transferidos para colônias próprias* — esclareceu Maria Laura.

Fomos recebidos por Jairo, um senhor agradável. Maria Cecília o reconheceu e foi abraçá-lo.

— *É o avô de Tato!*

Após os cumprimentos, Jairo falou, nos mostrando o local:

— *Este é o pátio de entrada, aqui está nosso jardim, do lado esquerdo estão a biblioteca, as salas de palestras, música e nossos alojamentos, na ala direita estão as enfermarias.*

O jardim era encantador, muitas flores brancas enfeitavam os canteiros bem cuidados. Dirigimo-nos às enfermarias.

— *Aqui está o Tato!* — mostrou Jairo.

Um moço bonito estava no leito, dormia. Maria Cecília ajoelhou-se ao lado do leito, pegou na sua mão e a beijou. Maria Laura nos chamou:

— *Deixem Maria Cecília a sós com ele por um instante. Vamos esperar no jardim.*

Sentamos num banco, Jairo ficou conosco, e Carla logo perguntou:

— *Você trabalha aqui há muito tempo? Como funciona o atendimento nesta casa? Gosta daqui?*

— *Gosto muito daqui* — respondeu Jairo. — *Sou feliz independentemente de fatos externos, de onde estou. Trabalho*

O DIFÍCIL CAMINHO DAS DROGAS

aqui somente há cinco meses. Esta casa é um abrigo temporário de primeiros socorros para os que se suicidaram. Estava antes trabalhando, estudando na colônia e aguardando o reencontro com minha esposa. Para recebê-la arrumei uma casinha linda, com flores de sua preferência. Mas quem voltou foi meu neto, e de forma trágica, nos causando muito sofrimento. Atendendo a pedidos da família, pudemos desligá-lo da matéria e abrigá-lo aqui. Para ajudá-lo, pedi para servir nesta casa, meu pedido foi aceito, e aqui estou.

— Você, Jairo, largou tudo para estar aqui perto dele? — perguntou Larissa.

— Sim, foi o que fiz — afirmou Jairo. *— Não cuido somente dele, mas de muitos. Vocês sabem, meus jovens, que aqui no Plano Espiritual não existe regra geral nem definições taxativas, e tudo, até no umbral, diverge de um local para outro. São muitos os lugares para os quais esses infelizes, imprudentes, podem ir após ter matado o corpo físico. Aqui perto existe um Vale dos Suicidas[1] e os trabalhadores desta casa incansavelmente têm dado assistência aos que lá estão. Aqui, neste local de socorro, eles recebem auxílio, permanecendo até que possam ir para uma colônia.*

— Tato está dormindo. Ele já acordou? Está machucado? O garoto está bem? — indagou Carla.

Olhamos para ela, alertando que estava perguntando demais, e nossa colega justificou:

— Quero tanto saber! Jairo, me desculpe, responda o que achar possível.

— Não tenho por que desculpar — Jairo sorriu. *— Alegro-me vendo vocês, jovens, aprendendo e ajudando. É tão triste ver outros, como meu neto, voltar à pátria espiritual em condições*

---

1 N.A.E. Vales dos Suicidas são lugares no umbral onde suicidas são agrupados. São locais de sofrimentos, onde a permanência depende deles mesmos, do seu arrependimento.

lastimáveis. Temos, no momento, nesta casa, muitos jovens que se suicidaram. Tato não está bem, mas poderia estar pior. Ele está dormindo agora porque achamos melhor que Maria Cecília recebesse socorro com a impressão de que seu ex-namorado está bem. Ele não está machucado. Muitos dos que se suicidam sentem intensamente o reflexo do corpo carnal, a agonia do momento da morte física. Meu neto teve a seu favor muitos fatores. Tato não planejou o ato, agiu num momento de desespero. Era muito jovem e se arrependeu de imediato. Muitas orações o ajudaram. Tem dormido muito, quando acorda não raciocina com clareza, quer estar na sua ex-casa, quer a família, a mãe, grita às vezes desesperado, querendo estar encarnado.

— *Que estranho! Mata o corpo depois o quer de volta!* — exclamou Ricardo.

— *Esse fato acontece muito com desencarnados que não entendem a continuação da vida no Plano Espiritual. Revoltam-se com a mudança e querem estar encarnados. E com os suicidas que se arrependem essa vontade é maior* — esclareceu Jairo.

— *Ele não pode sair daqui? Se quer tanto estar encarnado, num momento de desespero ele não pode voltar ao ex-lar?* — perguntei.

— *Ninguém entra ou sai desta casa sem permissão. Suicidas têm uma vibração negativa, é muita imprudência deixá-los vagar entre encarnados. Não digo que isso não acontece, mas não é tão comum. Normalmente eles vão para o Vale dos Suicidas ou então vão para abrigos. Tato, quando se desespera, bate a cabeça na parede, puxa os cabelos. É bem triste!*

— *Ele está aqui e não no Vale porque você se responsabilizou por ele, veio trabalhar aqui para ajudá-lo* — concluiu Maria Laura.

Jairo enxugou os olhos, concordou com a cabeça.

— *Admiro você!* — elogiou Edu.

— *Vamos buscar Maria Cecília. Temos de ir embora!* — decidiu nossa instrutora.

Ao sairmos, Maria Cecília abraçou Jairo e agradeceu comovida:

— *Sou eternamente agradecida. Diga ao Tato, quando ele acordar, que estou bem e que o amo.*

Fomos embora. Voltamos pelo mesmo caminho. Larissa e Ricardo ajudaram Maria Cecília; Ulisses e Edu auxiliaram o outro jovem que estava com ela na abertura da rocha. Caminhamos em silêncio. Logo chegamos aonde estava Francisco, ele suspirou aliviado ao nos ver.

— *Que bom, amigos, vocês voltaram, cumpriram a promessa.*

Carla e eu o apoiamos, uma de cada lado. Maria Laura pegou Rogério, que continuou sem nenhuma reação. No horário marcado estávamos no local onde o aeróbus nos esperava. Acomodamo-nos e partimos em seguida.

— *Por favor, pare antes na chácara, no abrigo do Grupo Esperança, vamos deixar esses jovens lá* — pediu Maria Laura ao condutor.

Foi rápida nossa parada. Maria Laura desceu, pediu a eles para abrigar os dois. Obtida a permissão, ela deixou os jovens aos cuidados do grupo.

— *Pensei que fôssemos descer* — disse Larissa.

— *Marcamos uma visita e quando viermos conheceremos o trabalho deles e o local. Agora temos de ir, vamos cuidar de Maria Cecília e de Francisco. Logo à noite, assistiremos no centro espírita a uma sessão, com os encarnados.*

A condução nos deixou no pátio do teto da construção espiritual. Levamos nossos socorridos à sala que nos foi destinada. Encontramos Marcelinho sentado no leito, lendo um livro. Sorriu ao nos ver. Higienizamos, medicamos e alimentamos Maria Cecília e Francisco.

— *Como é bom ficar limpa! Obrigada por tudo!* — Maria Cecília estava realmente grata.

— *Sou muito grato a vocês. Deus lhes pague!* — agradeceu Francisco, chorando.

— *Tato ficará bem?* — Maria Cecília quis saber.

— *Ficará. Lembre dele com carinho e o incentive com bons pensamentos* — respondi.

— *O que mais quero agora é que minha família, principalmente meus pais, não sofram tanto por mim. Como gostaria de pedir perdão a eles* — expressou Maria Cecília, suspirando.

— *Peça perdão! Eles a perdoarão. O que você fez não tem como desfazer, eles sofrem, mas o tempo passa, suavizando as dores. De alguma forma eles sentirão que você agora está socorrida e ficarão tranquilos. E, por eles, esforce-se para estar bem, para não lhes dar mais preocupações* — aconselhou Maria Laura.

— *É o que farei!* — decidiu a garota, aliviada. Deixamo-los acomodados e fomos para o salão do centro espírita.

OITO

Descemos para a construção dos encarnados, ficamos num canto reservado a nós. Maria Laura explicou:

— *As orientações desta noite já estão programadas, embora sempre surjam algumas extras. Se nos pedirem para fazermos algo, faremos com muito prazer. Se não, estaremos olhando para aprender.*

— *Você tem ainda alguma coisa para aprender?* — perguntou Ricardo.

Maria Laura riu, olhou com carinho para Ricardo e respondeu, esclarecendo:

— *Quando participamos de qualquer trabalho, estamos sempre aprendendo. Nas sessões de orientações às quais assisto no socorro realizado, seja no umbral, seja com encarnados, cada indagação que me fazem em que tenho de raciocinar para achar a melhor resposta é conhecimento novo que adquiro. Tenho muito ainda o que aprender e anseio por isso, meu caro jovem.*

A movimentação era grande. Ainda não havia chegado nenhum encarnado, mas a equipe de trabalhadores do centro espírita estava na ativa. Albino organizava tudo.

Um grupo de desencarnados que necessitava de uma orientação entrou no salão, acompanhado pela equipe da casa. Maria Laura explicou:

— *São muitos os necessitados de esclarecimentos, mas pelo nosso estudo vamos concentrar a atenção nesses dois, um homem e uma mulher que foram toxicômanos e que receberão ajuda por meio de uma incorporação.*

— *Para onde eles irão quando terminar a sessão?* — perguntou Carla.

— *Para o hospital da nossa colônia* — respondeu nossa instrutora. — *Esses socorros são programados, um número certo por mês.*

— *Quem os levará?* — indagou Edu.

— *A equipe do centro espírita* — esclareceu Maria Laura.

O local foi aberto ao público. O atendimento daquela casa, naquela noite, estava programado assim: no horário marcado, o local seria aberto, depois seria lido um texto do *Evangelho*, e um dos frequentadores encarnados discorreria sobre o que fora lido. Seriam dados passes, feitas orações, e duas senhoras atenderiam, numa outra sala, quem quisesse conversar, passar por uma entrevista. Após, ficando os trabalhadores encarnados, começaria a sessão de desobsessão. As atividades daquele centro espírita eram muito diversificadas, todos os dias havia reuniões, grupos que se reuniam para o auxílio social,

O DIFÍCIL CAMINHO DAS DROGAS

encontro de jovens, evangelização infantil, reuniões de estudos, atendimento por passes, entrevistas e também trabalho de esclarecimento a desencarnados necessitados.

Albino nos chamou para ouvir uma entrevista. Uma senhora pedia, aflita:

— Peço ajuda para minha filha, ela não quis vir. Está usando drogas cada vez mais. Não sei o que faço...

— *Vocês podem ir lá, dar uma olhada e, se possível, ajudar esta mãe?* — perguntou Albino a Maria Laura. Depois de ela afirmar com um gesto de cabeça, ele continuou a falar: — *Aqui está o endereço, quando terminar nosso trabalho vão ver o que se passa.*

— *A equipe do centro espírita age assim com todos os pedidos?* — indagou Carla.

— *Normalmente, sim* — respondeu nossa instrutora. — *Em todos os centros espíritas há trabalhadores que analisam os pedidos e tentam auxiliar da melhor maneira possível.*

— *Deve ser bom para os desencarnados se seus afetos encarnados vierem pedir por eles em um centro espírita. Se estiverem sofrendo ou vagando, receber uma visita, um consolo e até socorro* — concluiu Ricardo.

— *Observem esse homem, ele tem trinta e cinco anos, frequenta os Narcóticos Anônimos e tem vindo aqui para um tratamento com passes* — contou Albino.

— *Isso ajuda?* — perguntou Larissa.

— *Claro, suas energias são renovadas, e isso tem lhe dado forças para não recair. Sua luta é grande, mas está conseguindo se libertar do vício* — respondeu Albino.

Havia poucas pessoas naquela noite para passar pela entrevista. Elas queriam uma orientação ou fazer um pedido. Voltamos para a sala onde seria feita a desobsessão.

— *Todos esses desencarnados que aqui estão irão receber orientação por meio de uma incorporação?* — Carla quis saber.

— *Não, muitos, só de ver e ouvir companheiros serem doutrinados, compreenderão que já mudaram de plano. Os desencarnados que estão do outro lado são os abrigados do posto, eles vêm sempre, aprendem muito nessas reuniões* — elucidou Laura.

Observei o grupo que estava no lugar indicado pela nossa instrutora, contei o número de integrantes, eram vinte e dois, homens e mulheres que ouviam tudo com atenção e oravam.

Conforme nos foi orientado, deveríamos prestar atenção em dois que estavam na fila, que foram toxicômanos quando encarnados. Maria Laura nos mostrou e explicou:

— *São estes que, juntamente com outros da fila, receberão esclarecimentos. Alguns ali não sabem nem onde estão. Perturbados, confusos, se consideram desprezados, humilhados pelos familiares, que não lhes dão mais atenção. Necessitam saber que desencarnaram. Outros estão tão iludidos que acham que ficaram loucos ou são os outros que estão. Uns pensam que estão sonhando, tendo pesadelos, e anseiam por acordar. E também estão na fila os que sabem que desencarnaram e por algum motivo obsediam encarnados. São uma grande terapia essas reuniões. O desencarnado perturbado, ao chegar perto do médium, consegue comparar seu corpo perispiritual com o corpo físico do encarnado. Escuta palavras de orientação e pode ficar livre das dores, que são o reflexo do seu invólucro material. Tem sempre grandes melhoras.*

— *E eles são doutrinados mesmo? Mudam realmente seu modo de ser?* — indagou Edu.

— *Mudamos somente quando queremos* — opinou Ulisses.

— *É verdade* — explicou Maria Laura. — *Muitos, quando recebem a orientação, choram, sentem o impacto da diferença, dos fluidos bons, entendem a necessidade de se transformar para melhor. Mas há aqueles que não gostam das casas de socorro, queriam estar encarnados e, mesmo sabendo que desencarnaram, saem sem permissão, voltando aos ex-lares, ou ficam a vagar. Outros, que estavam se vingando, aqui perdoam, mas não o fazem de coração. A mágoa volta e eles retornam para perto de desafetos. Mas grande parte acata as palavras de esclarecimento, é grata pelo auxílio e se esforça para melhorar não só os reflexos do corpo no perispírito, mas interiormente.*

— *É muito importante esse trabalho!* — admirou Larissa.

— *Sim, é!* — concordou Maria Laura. — *É uma grande caridade orientar um indivíduo dando oportunidade para que melhore. Os dois que devemos observar estão perturbadíssimos.*

— *Quem são eles?* — perguntei.

— *O homem desencarnou faz doze anos e vai, depois de ser orientado, para nosso hospital. A moça infelizmente não poderá ir, será levada para o abrigo do Grupo Esperança. Ela está bastante perturbada, sentindo muito a falta das drogas. Quando melhorar, caberá a ela querer ou não o socorro. Essa moça está aqui a pedido de sua mãe, que está encarnada, e porque já fazia tempo que estava sofrendo no umbral* — respondeu Maria Laura.

— *Tenho muita pena de quem não quer socorro!* — lamentou Edu.

Calamo-nos, pois ia começar a sessão. Como já havia sido feita a leitura do *Evangelho*, oraram pedindo a proteção do alto, ajuda e orientação dos bons espíritos. Sempre gostei de ver e ouvir esses esclarecimentos. Os desencarnados necessitados são colocados, pelos trabalhadores da casa, perto dos médiuns. O impacto é grande, eles recebem dos encarnados fluidos, conseguem raciocinar melhor e entender com mais clareza. Ouvir a orientação do doutrinador é muito importante. Quando são afastados dos médiuns depois da incorporação, alguns o fazem dormindo, outros se sentem aliviados, há também os que choram, mas todos se sentem bem mais tranquilos.

Ficamos atentos aos dois que foram toxicômanos quando encarnados e que, infelizmente, continuavam a ser, porque a morte do físico, por si só, não muda ninguém.

A moça devia ter desencarnado aos vinte e cinco anos, estava parada, babava, muito suja e demente. Aproximaram-na do médium, ela estremeceu, moveu os olhos, passou as mãos pelos cabelos, teve nojo deles, estavam empastados de sujeira. Dois trabalhadores da casa a limparam e já por isso sentiu-se melhor.

— *Eles não poderiam tê-la limpado antes?* — perguntou Carla, baixinho, à nossa instrutora.

— *Poderiam* — esclareceu Maria Laura —, *mas, como ela tinha sido escalada para receber ajuda por meio de uma incorporação, deixaram para fazer isso agora. Fica mais fácil higienizá-la neste momento que recebeu bons fluidos e melhorou. Se a limpassem antes, ela não ficaria muito tempo limpa, porque quando encarnada pensava que por ter errado, feito más ações, estaria sempre suja, na lama; desencarnou e se sentiu como pensava.*

Ela balbuciou palavras, e a médium repetiu algumas:

— *Mãe, mãezinha, eu vou! Meu Deus! Ai de mim, vou morrer!*

A doutrinadora disse-lhe palavras carinhosas, e com os fluidos que recebeu melhorou bastante, porém não conseguiu compreender que desencarnara. Aliviada, foi levada para outra fila. Todos os que foram doutrinados ficavam do lado esquerdo do salão, esperando o término da sessão. Essa moça ficou quietinha, olhando tudo; passava às vezes as mãos pelo rosto, cabelos, esforçava-se para entender o que ouvia.

Chegou a vez de o homem receber auxílio por intermédio da incorporação. Ele desencarnou com quase quarenta anos. Encarnado, fez uso das drogas por muitos anos, até que seu físico faleceu, o que lhe causou muitas dores. Sentiu o reflexo do corpo material no perispírito e se ressentiu da falta das drogas. Tal impacto clareou sua mente, levando-o a raciocinar um pouquinho, e ele chorou. Ouvia o doutrinador sem, no entanto, entender direito. Foi usado, então, o processo de regressão.

— Meu amigo, lembra quando você fumou o primeiro cigarro de maconha? Recorda?

— *Foi aos quinze anos* — respondeu ele, com muito esforço. A médium repetiu.

— Vamos lembrar como você era! Pense firme! Isso! Você era esse garoto saudável, bonito, forte e risonho. Pense em você assim! Mentalize como era aos quinze anos, antes de se viciar!

O homem foi pensando e, com a ajuda da equipe desencarnada, seu perispírito foi se modificando e tomou a aparência de um jovem de quinze anos.

— Pronto! Como se sente? — perguntou o doutrinador.

— *Muito bem! Não estou desesperado para me drogar, não sinto mais a falta de tóxico. Estou bem! Graças a Deus! Mas estou triste pelo que fiz ao meu corpo sadio. Por que fui me envolver com as drogas? Minha vida poderia ter sido tão diferente!*

E chorou sentido.

— Recomece, meu amigo, aproveite esta oportunidade e vá com estes companheiros para uma recuperação no Plano Espiritual.

Ele agradeceu com emoção e foi para a fila. Ficamos todos a observá-lo. O jovem orava e chorava.

A sessão foi maravilhosa. No horário previsto, acabou com a linda Prece de Cáritas. A equipe desencarnada deu passes nos trabalhadores encarnados e fluidos benéficos caíram no local.

Os encarnados comentaram por minutos sobre o ocorrido e foram embora. Os desencarnados abrigados no posto que vieram assistir à sessão voltaram para as enfermarias. Os orientados foram separados, aqueles que ficariam na casa foram para os alojamentos. A moça foi levada por um trabalhador para o abrigo do Grupo Esperança, e os que iriam para a colônia entraram num aeróbus e partiram. Os servidores da casa voltaram aos seus afazeres. Ainda estávamos no salão, e foi Carla, a mais curiosa, quem indagou:

— *Maria Laura, o homem que voltou a ser garoto ficará de que jeito no hospital, adulto ou jovem?*

Nossa instrutora respondeu, dando-nos uma preciosa lição:

— *Deverá permanecer jovem durante um bom tempo, depois do tratamento ele poderá escolher como ficar. Vou explicar a vocês esse processo. O perispírito é modificável. Podemos mudar nossa aparência perispiritual por muitos motivos. Se eu quiser tomar a forma que tive na minha encarnação anterior é somente pensar com firmeza e querer ser como era naquela época, que eu mudo, modifico-me. Tenho visto muitos mudarem, alguns porque aparentam ser idosos demais e essa aparência pode dar a impressão de limitações, então remoçam. Outros, que foram deficientes, não serem mais. Pode-se fazer isso sozinho quando se tem conhecimento para isso ou com ajuda de outros. Infelizmente, esse não é um conhecimento que somente os bons detêm. Alguns mal-intencionados sabem como fazer isso e mudam para enganar, assombrar e até para castigar a si próprios ou os outros. Vemos sempre, no umbral, desencarnados com aparência monstruosa ou de animais[1] em que se transformaram. Nos trabalhos que realizamos hoje, aqui, vimos um espírito que mantinha a aparência de quando desencarnou ir modificando seu perispírito até ficar com o aspecto que tinha antes de começar a se drogar. Ele está sentindo o reflexo de seu corpo em seu perispírito naquela idade.*

— Genial! Assim ele não sente falta de tóxico! — concluiu Ricardo.

— Esse processo não anula o que ele fez, suas ações erradas. Ninguém anula nada para os outros. O que fazemos de bom ou ruim nos pertence. Ele recebeu socorro. Sentindo-se como naquela época, seu estado geral ficará melhor, poderá pensar bem no que fez, nas consequências dos tóxicos em sua vida. Ele vai ter de vencer seu vício, a vontade de usar as drogas. Embora com este socorro sua recuperação seja mais fácil.

— Mas tudo isso não anula o que fez! — lamentou Larissa, suspirando.

— Por que não se faz isso com todos? — perguntou Edu.

— Esse processo de regressão, feito pelos trabalhadores do bem, é usado em alguns casos: com desencarnados que estão muito desesperados, com alguns suicidas e com toxicômanos, quando a equipe de socorro julga necessário. Hoje, vimos dois ex-usuários receber auxílio, embora o processo de regressão tenha sido usado com um deles. Isso porque o homem já havia sofrido muito, ele queria mudar, mas não conseguia se livrar do vício. Já a moça recebeu ajuda, caberá a ela escolher o que quer.

— Fica muito fácil aplicar esse processo a todos os desencarnados que sofrem em desespero, mas o que é fácil não tem valor, não é? Para muitos, não adianta simplificar, não aprendem pelo

---

1 N.A.E. Conhecido por licantropia, é o fenômeno pelo qual espíritos pervertidos no mal atuam sobre outros desencarnados, induzindo-os a ter aparências de animais ou deformações horríveis.

amor e temos visto que a dor é a maneira de muitos aprenderem — opinei.

— *Infelizmente, acontece isso!* — comentou Maria Laura.

— *Facilitar, para muitos, é impedir que aprendam para não errar no futuro. Feita essa regressão, se o indivíduo não tiver vontade de se regenerar, querer o auxílio para mudar, ele não ficará com a aparência que lhe foi sugestionada. Mesmo no hospital, se aquele homem não quiser permanecer com o aspecto jovem, voltará a se sentir como o vimos, a ser como antes. Mas, como disse, aquele homem queria mudar, se regenerar, estava pronto a receber esse auxílio. Meus jovens aprendizes, alerto-os para outro detalhe, são muitos os necessitados, e para esse socorro é necessário trabalhadores de boa vontade e dedicados de dois planos, físico e espiritual.*

— *Essa regressão não poderia ser feita no hospital? Ou é realizada somente pelos benfeitores daqui?* — indagou Larissa.

— *Não com esses espíritos* — explicou nossa instrutora. — *Estão tão iludidos, tão presos à matéria, que não conseguiriam ver ou ouvir os desencarnados bons e, se o fizessem, sem o impacto da incorporação, das energias primárias de um corpo físico, seria muito difícil.*

— *Como essas sessões de doutrinação são importantes! E cada um recebendo de acordo com o que faz jus!* — exclamou Ulisses.

— *Agora vamos verificar o pedido daquela mãe que não estava na nossa lista, mas que Albino nos pediu para verificar* — decidiu Maria Laura.

Saímos do centro espírita e nos dirigimos para o endereço que o orientador do posto nos dera.

NOVE

Entramos numa modesta casa. A senhora que vimos no centro espírita estava sentada numa cadeira na cozinha e tentava convencer uma moça de dezoito anos a não sair de casa.

Desencarnados bons não costumam entrar nas casas de encarnados sem serem chamados ou convidados. Entramos porque a dona, a senhora, foi pedir ajuda, e estávamos ali em resposta ao seu apelo. A garota com vestes provocantes não queria conversa, e a mãe insistia:

— Não saia de casa, você vai se drogar. Fique comigo! Hoje fui ao centro espírita, pedi ajuda para você.

— Quem quer ajuda dos espíritas é você, eu não! Vou sair e não tenho hora para voltar. Não me amole! — a filha falou nervosa.

A mãe suspirou triste. A garota deu um sorriso cínico e nós escutamos seus pensamentos:

"Essa velha chata poderia morrer!"

— *Se ela morrer quem cuidará de você?* — disse Ulisses que estava ao lado dela. A garota não ouviu, mas sentiu os dizeres como se pensasse.

Ela se arrepiou, passou as mãos pelos braços e pensou: "Tenho de aguentar essa mãe neurótica! Se ela morrer não terei mais ninguém para se preocupar comigo."

Saiu sem falar mais nada. Fomos atrás dela. Na rua, em frente à sua casa, estavam três desencarnados. Um deles falou a outro, um jovem que estava aflito para vampirizar alguém que fizesse uso da droga.

— *Você, Lauro, acompanhe-a, grude nela e faça com que se drogue. Assim, você pode usufruir as energias dela à vontade. Mas faça-a usar, senão você será castigado e ficará sem as drogas.*

Os dois desencarnados de aspecto maldoso afastaram-se, e o que foi chamado de Lauro, que deve ter desencarnado aos vinte anos, aproximou-se da garota, e eles andaram rápido. Minutos depois, chegaram a uma esquina, e um carro a esperava.

— Ainda bem que não se atrasou. Entre logo! — comentou o moço que dirigia.

A moça e Lauro entraram no carro e nele estava, além do motorista, outro jovem e três desencarnados. Cumprimentaram-se, alegres.

Volitamos acima do veículo e fomos ver aonde iriam.

— *Por que aqueles dois desencarnados querem que essa garota se drogue? Por que não vieram junto?* — Carla quis saber.

— *São muitos os motivos que levam certos desencarnados a querer que encarnados sejam toxicômanos, a maioria é por vingança. Aqueles dois, pelo que percebi, odeiam essa jovem e a querem viciada. Não os acompanharam porque acham que Lauro deverá dar conta da tarefa.*

Pararam num barzinho movimentado. O som estava alto, havia muita bebida alcoólica e drogas. Tentamos influenciar a garota para não se drogar; fomos repelidos, íamos embora. Edu pediu:

— *Posso conversar com aquele jovem desencarnado, o Lauro?*

Maria Laura permitiu. Edu envolveu Lauro em sua vibração, e ele se afastou alguns metros do grupo. Nosso colega se fez visível a ele. Desencarnados iludidos ou os que estão muito ligados à matéria veem outros parecidos com eles e com o mundo material que é visto pelos encarnados. Ele se fez visível, isto é, abaixou sua vibração. É fácil, basta querer, pensar como o outro está. Foi isso que Edu fez, e o outro o viu.

— *Oi, Lauro! Como você está passando?* — perguntou Edu.

— *Bem, e você?* — respondeu o jovem.

— *Estou aqui para ajudar e...*

Quando Edu falou isso, o garoto quis fugir, mas nosso companheiro o segurou pelo braço e lhe falou com carinho:

— *Calma, sou amigo! Quero conversar com você.*

— *Devemos ter cuidado com os que querem ajudar e se denominam bonzinhos. Prometem muita coisa, mas querem mesmo é nos privar das drogas* — disse Lauro.

— *Você gosta da maneira como vive?* — perguntou Edu.

— *Não conheço outra forma de viver. Estou bem* — respondeu o jovem.

— *Este local é ponto de encontro de desencarnados e encarnados?* — indagou Edu.

— *Você quer dizer dos mortos com os vivos? Nos encontramos sempre aqui.*

— *Lauro, você não quer conhecer outros lugares no Plano Espiritual? Poder ter um lugar para morar e não necessitar vampirizar ninguém?*

— *Vampirizar? Você está doido? Que é isso? Não sou vampiro!* — negou Lauro, exaltado.

— *Você inala os fluidos dos encarnados* — Edu calmamente tentou explicar.

— *Uso drogas com eles, desfruto com os amigos de quem gostamos.* — Lauro se esforçou para se acalmar.

— *Você é feliz?* — indagou nosso companheiro.

— *Não! Mas poderia ser pior. Tenho pensado muito em minha mãe, ela me dizia que eu ia me dar mal. E me dei!*

— *Por que você não ora e pede a Deus para ajudá-lo?*

— *Se eu fizer isso, posso me prejudicar, o chefe não gosta de orações, e Deus está muito longe* — respondeu Lauro.

— *Queria ser seu amigo. Se você aceitar minha ajuda poderá fazer um tratamento para se libertar do vício, aprender muita coisa, e ser feliz* — falou Edu.

— *Não sei, não! Você está me confundindo. Estou morto! E de defunto não se trata.*

— *Se não faz tratamento então também não deveria ficar como você está, que se sente usuário e cheio de necessidades.*

— *Você pode até ter razão, mas é muito complicado. Agora preciso voltar para perto daquela garota* — determinou Lauro.

Maria Laura fez sinal para Edu. Tínhamos de ir embora. Nosso colega despediu-se de Lauro com um simples tchau. Afastamo-nos do bar.

— *Queria tanto socorrer Lauro!* — desejou Edu, suspirando.

— *Por quê? Você o conhece?* — indagou Carla.

— *Nunca o vi, mas fiquei com muita pena dele* — respondeu Edu e, virando-se para Maria Laura, pediu: — *Não podemos levá-lo para um socorro?*

— *Ele não está na nossa programação. Às vezes encontramos alguém que merece ser socorrido e que não consta em nossa lista. Nesse caso, peço permissão e, uma vez obtida, levo-o. Mas não é o caso de Lauro, ele não quer socorro* — elucidou nossa instrutora.

— *É porque ele não sabe nem que existe socorro* — opinou Edu.

— *Todos nós sabemos pedir a Deus quando queremos. Pode-se não saber como será o auxílio, e essa ajuda não depende de ter esse conhecimento, mas sim da sinceridade do pedido* — concluiu Ulisses.

— *Vamos agora responder* — disse Maria Laura —, *ou seja, ir ver o que acontece, analisar alguns pedidos e, se possível, ajudar. São apelos que algumas pessoas fazem por outras por julgarem que são necessitadas. Iremos até Luís Alberto, um jovem que desencarnou aos dezoito anos num acidente de carro e estava drogado. Ele está, no momento, no umbral.*

— *Vamos ao umbral de novo?!* — Larissa se assustou.

— *Sim, vamos* — afirmou Maria Laura.

Volitamos. Fomos impulsionados pela força dos nossos pensamentos. Luís Alberto estava na zona umbralina perto da crosta terrestre, com um grupo, todos perturbados, encostados um no outro. Ali, escutavam-se gemidos de dores, um socorrista dava água e alimento a eles. Ele nos cumprimentou sorrindo.

— *Sejam bem-vindos! Vieram aqui por algum motivo?*

— *Viemos ver Luís Alberto, uma prima dele fez um pedido com fervor para o Plano Espiritual interceder por ele* — esclareceu nossa instrutora.

— *Está ali! É este o garoto!* — mostrou o socorrista.

— *Como ele está?* — indagou Maria Laura.

— *Nada bem* — respondeu o socorrista. — *Voltou ao Plano Espiritual sem preparo, antes da hora, foi inconsequente, abusando das drogas e dirigindo. É considerado suicida involuntário, não queria a morte do corpo físico e, por imprudência, fez sua passagem de plano. Foi desligado dias depois de ter sido enterrado, veio para cá, está assim, muito perturbado, revoltado por estar sofrendo e querendo se drogar.*

Aproximamo-nos dele, vimos o que pensava: cenas do acidente, e ele se drogando, recordava-se disso ininterruptamente. Revoltava-se, xingava Deus, outras pessoas, seus familiares e amigos, culpava-os pelo sofrimento pelo qual passava. Maria Laura nos convidou a orar por aquele grupo; estendemos as mãos sobre eles e rogamos ajuda, com fervor. Nossos fluidos salutares caíram sobre o grupo, mas eles não os receberam, não queriam isso.

— *Trabalho num posto de socorro aqui perto, venho duas vezes por dia ajudar os desencarnados que vagam por aqui. Tento conversar com esse grupo, orientá-lo, mas não tenho obtido sucesso* — lamentou o socorrista.

— *É uma pena eles não escutarem o senhor* — expressou Larissa.

— *Aqui é o melhor lugar para eles no momento* — opinou Ulisses.

— *Você está certo, meu caro jovem* — concordou o socorrista. — *A vida dá a cada um de nós o que necessitamos. Esse grupo, como muitos daqueles que sofrem no umbral, ficará aqui por um período, e esse tempo de permanência dependerá apenas deles. E pela minha experiência, alguns, ao se sentirem melhor, sairão e irão atrás do que lhes faz falta, que podem ser afetos, desafetos e até para usufruir,*

O DIFÍCIL CAMINHO DAS DROGAS

junto de encarnados, de algo de que gostavam e em que eram viciados. Outros, ao despertar dessa agonia, desse torpor, vão querer melhorar tanto de suas dores físicas quanto morais, e serão socorridos.

— E os que não melhoram, os que ficam anos nesse estado, o que acontece com eles? — perguntou Carla.

— Estes são levados para um socorro e quando adquirem consciência podem escolher se querem ficar no abrigo ou sair e ir vagar — respondeu o socorrista.

Agradecemos a esse dedicado trabalhador e volitamos novamente, voltamos à cidade do Plano Físico, paramos em frente a um prédio de apartamentos.

— Uma amiga tem pedido pela outra. Aqui está a pessoa que é o alvo do pedido: é Mariana, tem dezesseis anos e está com muita vontade de se envolver com tóxicos por causa de um jovem usuário. Ela acha que está apaixonada, mas para namorá-lo terá de experimentar as drogas — explicou Maria Laura.

— Será que esta garota irá se arriscar? — Carla curiosa quis saber.

— Arriscar é como fazer uma roleta-russa! — Ricardo deu sua opinião. *— Aquela imprudência de colocar somente uma bala no revólver, rodar o tambor e apertar o gatilho apontando para a própria cabeça. Arrisca-se e pode se dar mal.*

— É isso, Ricardo — concordou Maria Laura. *— Não devemos nunca ser imprudentes e arriscar nossa saúde e vida. É difícil ficar só na experimentação.*

Entramos no apartamento de Mariana. Ela estava inquieta no seu quarto, tinha um livro aberto, deveria estar estudando, mas pensava num moço. Foi fácil concluir que ele era dependente, que gostava de consumir drogas e não estava querendo largá-las. Maria Laura deu passes na garota, que ficou com sono, apagou a luz e adormeceu. O espírito de Mariana afastou-se do seu invólucro físico, nos observou e perguntou:

— Quem são vocês? Professores?

— *Como ela estava estudando antes de dormir, adormeceu envolvida nos estudos e acha que somos professores* — concluiu Ulisses.

— *Somos amigos, viemos conversar com você* — respondeu Maria Laura.

— Sobre o quê? — indagou Mariana.

— *Tóxicos!* — exclamou nossa instrutora.

— Isso está sendo um problema sério para mim. Não sei se experimento ou não — a garota suspirou.

— *Não experimente! Não se envolva com drogas, minha jovem. O garoto pelo qual você julga estar apaixonada já é dependente, acabará por sofrer muito e fará sofrer quem estiver com ele. Você já viu como ficam os dependentes? São escravos do vício, perdem a dignidade, anulam os bons sentimentos* — Maria Laura explicou com muito carinho.

— Eu não quero me viciar! Vou tentar libertá-lo dessa dependência! — afirmou Mariana.

— *Ninguém salva uma pessoa do afogamento se afogando junto. Não libertamos um indivíduo do vício se nos viciarmos com ele. Você sabe como lidar com uma situação assim?* — Maria Laura quis que ela pensasse.

Mariana negou, movimentando a cabeça, e nossa instrutora continuou:

— *Então não insista, evite! Envolver-se com algo perigoso e não saber como proceder é imprudência! Se você experimentar poderá se viciar e ser escrava do tóxico. É isso que você quer para si? Já pensou no quanto seus pais vão sofrer?*

— Eu gosto dele! Quero ajudá-lo! Sei que posso! — disse a garota.

— *Viciando-se junto?* — perguntou Larissa.

— *Mariana, não faça isso! Você tem muito o que fazer pela vida, vai gostar de outros garotos. Esse não serve para você. Não queira consertar alguém. Escolha para namorar um já certo, o que, além de ser menos trabalhoso, é mais garantido* — aconselhou Ricardo.

— *Você é bonita, jovem, terá muitos pretendentes. Por que não pensa em estudar, ter uma profissão? Não pode esperar acontecimentos bons se você se viciar. Não faça isto* — pediu Larissa.

— Que sonho estranho! Esquisito! — surpreendeu-se Mariana.

— *Por que você não se aconselha com seus pais?* — perguntou Carla.

— Que absurdo! Eles serão contra! — a garota sorriu.

— *Você acha que eles, seus pais, a amam?* — perguntou Larissa.

— Claro que sim! — afirmou ela.

— *Se você tem certeza de que eles a amam, querem seu bem e reprovam o uso de drogas, então reflita, Mariana: você quer fazer algo errado* — observou Edu.

— *Você não tem visto muitos se darem mal por causa das drogas? Não vê os noticiários? Os jornais? São muitos os que morrem, são assassinados ou se tornam assassinos, roubam. São muitas infelicidades! Drogas não fazem ninguém feliz, ficar bem, sair vitorioso* — dei a minha opinião.

— *Mariana, você quer essas infelicidades? É uma garota inteligente, procure se informar melhor sobre esse assunto. Ore e peça auxílio a Deus. Saia dessa, garota! Não se envolva com esse veneno!* — pediu Ulisses.

— Mariana! Você está dormindo? Já estudou? — perguntou a mãe da garota, batendo na porta do quarto.

Ela acordou assustada e respondeu sonolenta:

— Cansei de estudar e dormi. Boa noite, mamãe!

Ficou pensando no sonho, no encontro que teve conosco, e não se lembrou de todos os detalhes, mas que conversou com algumas pessoas, que a aconselharam a não se envolver com tóxicos. Para nosso alívio, ela decidiu:

"Acho que é perigoso usar drogas. Não quero ser dependente. E se experimento e depois não consigo parar? Deve ser muito ruim ser viciado. Vou esquecer o Leco. Minhas amigas devem ter razão. Estou entusiasmada por ele ser bonito."

— *Será que ela se decidiu mesmo? Não vai usar drogas?* — Carla quis saber.

— *Espero que sim* — respondeu Maria Laura. — *Na semana que vem farei outra visita a ela e reforçarei os conselhos. Agora, iremos até Isabela. Seu avô desencarnado, que está na colônia, pediu por ela. Amigos e o namorado dela são usuários. Estão numa festa. Vamos lá!*

Volitamos do apartamento para um salão de festa e logo vimos Isabela, uma jovem bonita, alegre, conversando com um grupinho. Aproximamo-nos. Escutamos. Uma das garotas falava a ela:

— Isabela, você está sendo ingênua acreditando em tudo que se fala sobre tóxico. Somente você da nossa turma ainda não experimentou!

— Meus amigos — Isabela estava decidida —, não vou experimentar. Não quero saber como é, que gosto tem. Sonho alto! Quero ser alguém na vida! Vou ser uma grande bailarina e se eu me envolver com as drogas não serei nada!

— Que preconceito! Eu uso e abandono quando quiser, só faço para farrear! — afirmou outro jovem.

— Você não precisa ficar viciada! — expressou uma garota.

— Você, Renata, já não está? Pegou o dinheiro que sua avó lhe deu para comprar roupas e está gastando tudo em tóxico!

E você, Mirela, já não está estudando como antes, e se quer cursar medicina não deve parar de estudar. O fato é que as drogas não deixam a gente se concentrar, e o aprendizado se torna mais difícil. Por favor, tentem me entender, vocês são meus amigos, gosto de vocês, mas não quero me envolver com drogas e gostaria que pensassem no mal que elas estão fazendo a vocês — falou Isabela com firmeza.

— Você disse que gosta da gente! Mas não está se afinando conosco. Estamos aqui, numa festa, vamos usar drogas e você fica olhando. Isso é chato — observou uma garota.

— Acho que você, Isabela, terá de escolher: ou entra nessa com a gente ou não estamos mais namorando — disse um rapaz.

Todos se calaram. Nós estávamos somente observando. Fiquei apreensiva. Isabela estava numa situação difícil. Mas ela nos surpreendeu, respondeu tranquila:

— Se os incomodo é porque sentem lá no íntimo que estou certa. Não vou entrar na de vocês. Sabem por quê? Eu me amo! Quero o melhor para mim! Quero ser alguém! Não preciso de nada disso para estar bem, ser feliz. Acredito que drogas trazem infelicidades e problemas. Pois bem, se é assim, não estamos mais namorando. Vocês não me querem mais como amiga. Tudo bem! Mas estão perdendo uma amizade verdadeira. Não vou usar tóxico, ceder à pressão de vocês. Não quero! Digo não às drogas! Acho também que nós não nos afinamos mais. Tchau!

Virou e saiu de perto da turma, segurando-se para não chorar. Foi até o telefone, ligou para o pai ir buscá-la.

— *Que garota inteligente! Fantástico!* — admirou Edu.

— *Corajosa!* — opinei.

— *Será sem dúvida uma grande bailarina, uma pessoa extraordinária. Disse não às drogas! Ela realmente se ama!* — Larissa se emocionou.

Logo o pai dela chegou, foram para casa. Acompanhamos os dois. Ela estava triste, o pai, sonolento, nem percebeu a tristeza da filha. Isabela pensou que teria de arrumar novos amigos e que dessa vez ia prestar mais atenção.

— *Quem dança com você? Será que as garotas do balé não podem ser suas amigas?* — perguntou Larissa.

Nossa colega falou para Isabela, que não escutou, porém captou e pensou: "Vou convidar as garotas da escola de dança para irem lá em casa. Escutaremos música, servirei refrigerantes. Vou tentar fazer amizade com elas". Suspirou aliviada.

— *Vamos deixar Isabela. Seu avô não tem motivos para se preocupar, ela não se envolverá com tóxicos* — Maria Laura se alegrou.

— *Se mais jovens tivessem a coragem, o discernimento de Isabela, haveria menos indivíduos envolvidos com drogas* — concluiu Ulisses.

— *Se Isabela conseguiu dizer não às drogas, muitos outros podem dizer também* — falei.

— *São muitos os que repelem as drogas!* — explicou Maria Laura. — *Atualmente, a juventude está mais informada, segura, entende que é prudente afastar-se de amigos, namorados que são usuários, que nunca deve se envolver com esse veneno e correr o risco de se tornar dependente.*

— *Que acontecerá com aqueles garotos que ficaram na festa? Irão se drogar?* — perguntou Edu.

Nossa instrutora respondeu, nos esclarecendo:

— *Eles não aceitaram a sugestão, os conselhos de Isabela, e certamente não ouvirão ninguém. O Grupo Esperança tem tentado alertar pessoas como eles. É um trabalho que exige persistência de quem o faz. Todos nós temos o livre-arbítrio e escutamos quem queremos. Uns dizem a eles para usar; outros, para não usar, e a decisão é de cada um. Agora, iremos visitar um jovem usuário que está muito dependente. Sua mãe, pessoa muito boa, está sofrendo muito e tem pedido ajuda. Tenho ido visitá-lo já há algum tempo. Infelizmente, não quer nosso socorro. Mas sempre podemos fazer algo, principalmente para a mãe pedinte. Vamos lá, meus caros aprendizes!*

Volitamos novamente.

DEZ

Ao chegarmos à frente da casa desse jovem, notamos que algo mais sério havia ocorrido. A luz da sala estava acesa, entramos, um moço estava sentado no sofá, tinha a fisionomia triste, tentava orar, sem conseguir. Maria Laura indagou:

— *Que aconteceu?*

Ele não ouviu nem percebeu nossa presença. Mas recebeu a pergunta de nossa instrutora e pensou no que havia acontecido. Acompanhamos seu pensamento.

"Meu irmão exagerou, está em coma por uma dose excessiva. Foram todos para o hospital e eu não sei o que faço. Acho que vou tentar dormir, amanhã tenho de ir para a escola.

Tomara que ele melhore. Meus pais têm sofrido muito por causa dele."

— *Vamos ao hospital, essa mãe precisa de nós* — decidiu Maria Laura.

Sempre há muito movimento nos hospitais de encarnados. Alguns socorristas trabalham nesses lugares de tratamento, tentando ajudar os que vão lá e os que estão internados. Assim que chegamos, encontramos com um desses abnegados servidores. Ele nos cumprimentou, sorrindo, e nossa instrutora perguntou pelo garoto.

— *Não está nada bem* — informou o socorrista.

Os pais do garoto estavam na sala de espera. Maria Laura os conhecia. A mãe chorava, orava e pedia socorro para o filho. O pai estava muito preocupado. Aproximamo-nos deles, demos passes, transmitindo energia. Acalmaram-se. Fomos ver o garoto. Ele estava numa sala de emergência, um médico e duas enfermeiras tentavam animá-lo, mas não estavam conseguindo.

O jovem sofreu uma *overdose*, e sua matéria estava em colapso. Na mesma agonia do corpo estava seu espírito. O coração parou de bater, e o invólucro físico do garoto morreu. Desencarnou antes do prazo previsto. Em espírito, aflito, ficou ali, junto ao corpo carnal. Nosso esforço para acalmá-lo foi em vão. Nossa instrutora nos explicou:

— *Vamos dar energia, consolo aos pais sofredores. A desencarnação desse moço ocorreu por imprudência, é considerado suicida involuntário, será responsabilizado por ter abreviado seu tempo na Terra. Ele não pode ser desligado agora. Seu espírito ficará na matéria morta. Irá para o velório, e a equipe que trabalha naquele local tentará desligá-lo. Dependerá muito dele o êxito desse socorro.*

Voltamos à sala onde estavam os pais dele. O médico encarnado veio dar a notícia, tentando suavizá-la. Como é doloroso esse acontecimento. Eles sofreram muito. A dor da mãe era tanta que nos comoveu e choramos.

Nisso, chegou um casal, acompanhando o filho que era amicíssimo do garoto que havia desencarnado. Sentiram muito o que aconteceu. O moço ficou apavorado com o falecimento do amigo, usavam drogas juntos. Começou a chorar e pediu à mãe:

— Quero ser internado, fazer um tratamento, me recuperar. Não quero morrer!

— Hoje mesmo levaremos você à clínica — decidiu o pai.

Maria Laura abraçou a mãe, que chorava sentida, e pediu a nós:

— *Vão, meus meninos, ao centro espírita, fiquem no alojamento, cuidem dos nossos socorridos e depois descansem. Logo mais estarei com vocês. Vou ficar um pouco com a família.*

Volitamos para o alojamento. Depois de ter feito o que nos foi recomendado, nos acomodamos para descansar. Ulisses comentou:

— *Será que o jovem que desencarnou não pensou no sofrimento que causou aos pais? Se ele pudesse voltar atrás iria se envolver com drogas?*

— *Ele sofreu e sofrerá mais ainda. Agora, não terá mais os pais para acudi-lo. Estará sozinho, sem afetos por perto. Que tristeza!* — expressou Larissa.

Calamo-nos e aguardamos Maria Laura. Quando ela chegou, nos deu a notícia:

— *Deixei os pais do garoto mais tranquilos, a mãe é uma pessoa responsável, tem o hábito de orar e tem amigos no Plano Espiritual que vieram ficar com ela neste momento difícil.*

Sentou-se junto a nós. Larissa a abraçou e comentou:

— *Acho que não existe dor maior no mundo do que o sofrimento que vimos naquela mãe, naquele pai.*

— *Tem razão. Eu passei por isso e...* — falou Maria Laura.

— *Continue, por favor. Você não quer nos contar suas lembranças?* — pediu Carla.

— *Ao ver aquela mãe sofrendo, recordei o que aconteceu comigo. Quando encarnada, senti a dor da separação física de seres que eu amava. Quando desencarnei vim a compreender que o amor permanece, o tempo só o faz aumentar, e a distância não existe para afeições.*

— *Creio que aprenderemos muito se você nos contar como foi sua vivência quando encarnada. Gostaria de ouvi-la* — pedi.

Todos nós olhamos para ela com carinho. Nossa instrutora suspirou e contou:

— *Foi com dificuldades financeiras que consegui estudar a medicina, que tanto amava. Os obstáculos também foram muitos pelo fato de eu ser mulher. Quando me formei já estava com quase trinta anos. Era estudante quando conheci um rapaz e passamos a namorar. Minha família não queria o namoro, mas eu insisti, mesmo vendo nele muitas atitudes erradas. Me formei, fui trabalhar e nos casamos. Tivemos três filhos: uma menina, a mais velha, e dois garotos. Não deu certo o meu casamento, sofri com traições, humilhações, e também por ele não parar em empregos. Meu esposo foi embora de casa, foi morar com outra, e fiquei com as crianças pequenas. Foi um período de muito trabalho e preocupações. Eu amava muito meus filhos, e eles a mim. Eles eram pessoas ótimas, estudiosas, obedientes, educadas; não me deram aborrecimentos. Meu filho do meio fez dezoito anos, e o outro estava com dezessete. Naquela tarde, foram ao dentista e, ao passar em frente a um terreno baldio, foram assaltados. Samuel, o*

O DIFÍCIL CAMINHO DAS DROGAS

mais velho, se apavorou, quis correr e foi atingido por uma bala; meu outro filho correu em defesa do irmão e também foi assassinado. Desencarnaram na hora. Os assaltantes fugiram; dias depois foram presos, eram toxicômanos. O caso foi muito divulgado, porque não eram muitos, naquela época, os dependentes de tóxico. O mal das drogas, que ocasiona esses acontecimentos tristes, infelizmente se torna mais comum nos dias atuais. O nosso sofrimento foi grande, sofri muito. Meus filhos eram bons, pessoas úteis, mortos em plena rua, numa tarde. A dor era tanta que parecia que me arrebentaria por dentro, e tinha minha filha, que sofria comigo. Resolvi reagir, podia ser útil e queria ser, não era somente eu a sofrer no mundo. E foi enxugando as lágrimas alheias que tive as minhas secas. Dediquei-me mais à medicina e à minha filha, que se casou e me deu dois lindos netos. Perdoei os assassinos de meus filhos e achei que deveria fazer algo de bom em favor dos toxicômanos, na tentativa de evitar crimes como o dos meus meninos. Estudei o assunto, tratei de muitos usuários e desencarnei ativa, no trabalho. Tive um enfarte, senti muita dor, foram minutos de agonia, mas não foi um milésimo se comparado com a dor que senti ao ver meus filhos mortos. Acho que nenhuma dor física é maior que a que senti. Ao perder meu corpo, adormeci, como se tivesse sido anestesiada, para acordar num hospital de uma colônia. Despertei sentindo-me ótima. Estranhei quando me contaram que havia mudado de plano. Mas foi uma alegria imensa abraçar um dos meus filhos. O meu caçula havia reencarnado, é um dos meus netos. Adaptei-me logo ao Plano Espiritual, um ano depois estava estudando e trabalhando. E aqui estou numa continuação do que já fazia encarnada, tentando ajudar usuários de drogas.

Maria Laura nos deixou emocionados. Larissa lhe deu um beijo no rosto e falou comovida:

— *Quem quer ser útil o é em qualquer lugar, no Plano Físico ou no Espiritual. Admiro você!*

— *É um exemplo! Em vez de se revoltar, resolveu servir nessa área, para evitar outros acontecimentos tristes* — me comovi.

— *É pena que a imprudência é grande, e o número de usuários tem aumentado junto com o da violência, causando muitos sofrimentos* — concluiu Edu.

— *Maria Laura, você sabe o que aconteceu com os assassinos de seus filhos?* — Carla quis saber.

— *Eram três* — respondeu nossa instrutora — *e também sofreram muito. Porque toxicômanos sempre acabam sofrendo. Foram presos. Um deles, logo após, foi assassinado. O segundo ficou muitos anos na prisão e quando foi solto voltou ao crime; também teve uma morte violenta. O último se regenerou, tornou-se religioso, libertou-se do vício e desencarnou por doença. Somente este foi socorrido; quis reencarnar, pediu e teve a bênção para um recomeço no Plano Físico. Os outros dois estão no umbral. Um sofre por lá, o outro é morador. Meu filho tenta sempre auxiliá-los, ele trabalha como socorrista, na Terra.*

Ricardo suspirou e mudou de assunto:

— *A maioria de nós não está preparada para a desencarnação. Em virtude do serviço do meu pai, moramos em muitas cidades, e meu pai falava que via nesse fato algo positivo: que quando desencarnássemos não íamos estranhar essa grande mudança. Em parte ele tinha razão, porém nas outras mudanças que fiz a família estava junto e quando desencarnei vim sozinho. Mas ainda bem que não me senti só. Logo fiz amigos, continuei a viver tranquilo e estou feliz.*

— *De que você desencarnou?* — perguntei.

O DIFÍCIL CAMINHO DAS DROGAS

— *Estava andando de bicicleta, levei um tombo, bati a cabeça na quina da calçada, sofri um traumatismo craniano, e meu corpo físico morreu, três dias depois. Foi tudo muito tranquilo, tinha conhecimentos espíritas e compreendi, assim que acordei, que mudara de planos. Gostei muito das novidades. Quando encarnado, ficava imaginando como seria o Plano Espiritual e, ao ver, achei a colônia linda demais. Quis, dias depois, visitar meus familiares. Um orientador me aconselhou a ter calma e a esperar. Entendi o conselho dele quando me foi dada autorização para vir ao Plano Físico; fiz isso em companhia de um instrutor. Ao ver meus familiares, me emocionei e quis ficar com eles. Como é difícil se desapegar de afetos! Se tivesse vindo antes do tempo, talvez tivesse ficado no meu ex-lar, sem permissão. Na primeira visita, fiquei com vontade de ficar, mas já compreendia esses sentimentos e regressei à colônia, alegre por revê-los. Hoje, faço essas visitas com mais tranquilidade, gosto de vê-los, estar com eles, mas a vida continua para eles e para mim. E sabem por que estou fazendo esse estudo? Para aprender!*

Ricardo riu. Ele costumava dar gargalhadas contagiantes. Esse nosso amigo está sempre rindo.

— *Ainda bem que é para aprender! Uma vez que temos mais conhecimentos, agimos com mais segurança e tudo sai bem-feito. E você, que certamente será um servidor útil, fará seu trabalho com mais empenho se souber fazer* — opinou Carla, rindo também.

— *Mudar sempre mexe conosco, é deixar para trás afetos, objetos com os quais estamos acostumados, para iniciar a vida em outro local. Desencarnar é uma mudança! Agradável para os bons, mas nem tanto para os que fizeram maldades. E, como em qualquer transferência que se faz de um local para o outro, é preciso haver adaptação. Para as pessoas desapegadas é um processo mais tranquilo — orientou nossa instrutora.*

— Maria Laura, pessoas como os assassinos de seus filhos podem dar a desculpa de que cometeram esse crime porque estavam drogados? — perguntou Edu.

— Desculpas que não são aceitas, usaram drogas porque quiseram — opinou Larissa.

— Meus garotos — elucidou Maria Laura —, *tenho visto aqui, no Plano Espiritual, muitos se desculparem. É o que possuía o dom da mediunidade lamentando que não teve tempo para fazer o bem com ela, quando encarnado, que não achou um bom lugar para ir, teve medo de ser enganado, tinha vergonha, temia o que os outros pudessem pensar ou falar. Outros dão desculpas por não terem feito o bem por isso ou por aquilo: "Não fiquei com meu pai idoso porque não havia espaço na minha casa"; "Estava sempre doente, por isso coloquei minha mãe no asilo"; "Não criei meu filho porque precisava trabalhar"; "Não dei esmolas porque precisava comprar isso ou aquilo"; e por aí vai... As justificativas são analisadas e são poucas as aceitas. Vocês poderão ver uma pessoa assim aqui mesmo no posto, está abrigada. Há semanas, eu e uma equipe a resgatamos, estava no umbral. Vamos visitá-la.*

— Agora? Ela não está dormindo? — perguntou Carla.

— Ela deve estar acordada, se queixa muito de que não dorme — contou Maria Laura.

— Eu durmo raramente, mas o fazia muito quando vim para o Plano Espiritual. Os abrigados do posto, os que ainda se recuperam ou estão em adaptação, dormem muito, não é? — indagou Larissa.

— Enquanto se tem os hábitos do corpo físico há a necessidade de dormir, de se alimentar. Os necessitados, abrigados em qualquer casa de socorro, dormem; uns mais, e outros

ficam períodos maiores acordados. Como dormiam à noite, aqui o fazem também. Essa jovem abrigada que vamos visitar diz que quando era encarnada sofria de insônia e aqui teima em continuar a senti-la.

Fomos até o pátio e a encontramos. Dalisa, assim era chamada, estava sentada num banco lendo um livro. Respondeu sorrindo ao nosso cumprimento e ao ser indagada como estava foi logo dizendo:

— *Melhor do que dias atrás, e se comparar agora com o período que fiquei no umbral, estou ótima. Mas ainda me sinto fraca e muito triste.*

— *Por que foi para o umbral?* — perguntou Carla.

— *Por afinidade, não mereceu ir para outro lugar* — expressou Ricardo.

— *O moço aí tem razão. Mas foi por engano!* — defendeu-se Dalisa.

— *Engano? Você não quer explicar a nós por que acha que foi engano?* — indaguei.

— *Ninguém me disse que ia morrer, ou seja, desencarnar, e nem me avisaram que aqui era desse jeito* — respondeu Dalisa.

— *Nem para mim, para ninguém é avisado! Quando encarnado nunca ouvi isto: "Ei, você aí, vai morrer daqui duas semanas. Prepare-se!"* — Ricardo sorriu.

— *Pois temos esses avisos!* — elucidou Maria Laura. — *Todas as religiões nos alertam para seguir o bem e evitar o mal. A ciência ensina que tudo o que nasce morre. E que, se reencarnamos, iremos desencarnar. Isso é natural e deveria ser encarado como tal. Há muitos livros que narram com detalhes como é a vida aqui; quem procura saber, os encontra.*

— *Dalisa, fale para nós o que aconteceu com você* — pediu Edu.

— *Envolvi-me com drogas e me dei mal* — contou a garota.

— *Ninguém a alertou de que isso ia acontecer?* — perguntou Carla.

— *Falaram, mas eu não acreditei. Talvez, se tivessem me provado...* — respondeu Dalisa.

— *Se tivessem lhe provado? Como? Será que não teve provas suficientes?* — indagou Ulisses.

— *E para me drogar me prostituí, roubei e até assassinei um jovem que reagiu a um assalto. Não teria feito isso se não estivesse drogada e não fosse influenciada por desencarnados toxicômanos* — lamentou a garota.

— *Não foram aceitas as suas justificativas e você foi para o umbral* — concluiu Ulisses.

— *Dalisa* — orientou Maria Laura —, *sofremos sempre influências tanto dos bons, que nos aconselham ao bem, quanto dos maus. Ouvimos, damos atenção ao que queremos e, infelizmente, algumas vezes atendemos ao que não nos convém. Você se afinou com toxicômanos encarnados e desencarnados. Ninguém a forçou a fazer nada, temos o nosso livre-arbítrio. Se você não quisesse, não teria roubado nem assassinado. Teve culpa! Os erros que cometeu são seus, como quem a influenciou também tem culpa. É responsável pelo que fez, por isso ficou quinze anos no umbral. Agora que está socorrida não coloque a culpa dos seus atos em outros. Assuma seus erros, aprenda para não fazê-los mais, para que no futuro você possa repará-los no bem praticado.*

Dalisa escutou de cabeça baixa, ficou quieta. Maria Laura despediu-se dela, que ficou aliviada por nos afastarmos.

— *Vocês entenderam como muitos se desculpam, isso quando não tentam colocar a culpa em outros. Vamos ao salão, será feita daqui a vinte minutos a prece da manhã. Teremos muito o que fazer hoje* — Maria Laura nos convidou.

— Que bom! Amo trabalhar! Se tivesse de descansar pela eternidade, seria para mim um tremendo castigo. Tenho um amigo escritor que diz sempre: "Devo trabalhar como se tudo dependesse de mim". Vou tentar fazer como ele! — decidi.

— Somente me senti feliz quando comecei a trabalhar, a ser útil e a fazer o bem. Maria Laura, o que você entende por felicidade? — perguntou Edu.

— São tantas as definições para felicidade! — respondeu nossa instrutora, suspirando. — Amar de forma pura é ser feliz! Mas acho que todas as pessoas felizes alcançam a felicidade simplesmente por fazerem outras pessoas felizes. Porque, meus jovens aprendizes, quem quer ser feliz sozinho, de forma egoísta, sem os outros ou até contra outros, será sempre infeliz. E você, Edu, tem razão, posso às vezes ficar triste por alguns momentos, em razão do meu trabalho, mas isso passa logo. Conheci a felicidade quando passei a ajudar, a fazer irmãos ficarem melhores, e a felicidade então passou a ser minha companheira. Sou feliz!

Fomos contentes para o salão.

ONZE

Depois de termos feito a prece, Carla disse, entusiasmada:

— *"A oração é o sustento da nossa alma" escreveu, uma vez, um poeta inspirado, e realmente é! Renovamos nossas forças quando oramos e recebemos incentivos para agir certo e fazer o bem. O maior benefício que podemos fazer a nós mesmos é rezar!*

Concordamos com ela. É muito bom orar, e pela oração nos ligamos a forças positivas e recebemos energias benéficas. Passamos pelo pronto-socorro e vimos Luzia em atividade. Depois, nos dirigimos ao centro da cidade dos encarnados.

Embaixo de um viaduto, vimos sete jovens e duas crianças.

— *São as crianças, meninos de rua?* — perguntou Edu, penalizado.

— *Sim. Vamos nos aproximar para vê-los melhor* — convidou-nos Maria Laura.

Estavam dormindo amontoados, pois fizera frio à noite. Dos nove, três eram garotas, e todos haviam consumido drogas. Junto deles estavam, também adormecidos, treze desencarnados que haviam sido usuários. Notamos que todos, os encarnados e os desencarnados, encontravam-se muito perturbados. Perto do viaduto vimos Mariozinho, do Grupo Esperança, junto com uma equipe que havia recebido conosco orientações no salão do hospital.

— *Que bom vê-los por aqui!* — alegrou-se Carla.

Mariozinho nos recebeu sorrindo, e cumprimentamos a outra equipe, com carinho.

— *Nós, do Grupo Esperança* — explicou Mariozinho —, *temos tentado orientar estas crianças e jovens, tanto os que estão no invólucro físico como os que fizeram a mudança de plano e ainda se sentem dependentes do tóxico. O Marcelinho, que vocês vão levar para o hospital da colônia, foi um menino de rua.*

— *Todos eles são ou eram órfãos?* — perguntei.

— *Talvez tenham sido órfãos de amor* — lamentou Mariozinho.

— *Muitos têm pai e mãe; outros somente um dos dois; a maioria tem família, embora algumas sejam desestruturadas. São muitos os motivos que levam estes jovens às drogas, nenhum justificável. Recebemos sempre reforços de grupos da colônia, que vêm conosco ajudá-los. Estamos esperando que acordem, fizeram muito uso de crack esta noite.*

— *Todos estes desencarnaram por causa dos tóxicos?* — perguntou Ricardo.

O DIFÍCIL CAMINHO DAS DROGAS

— *Direta ou indiretamente* — respondeu Mariozinho. — *Vê aqueles dois? Foram assassinados ao cometer um roubo; aquela ali teve o corpo físico morto por um traficante, por não ter pago uma dívida; este outro desencarnou por overdose; e assim é com todos eles.*

— *Não vejo nenhum desencarnado maldoso por aqui* — observou Ulisses.

— *Normalmente, um desencarnado assim como você apontou, maldoso ou vingativo, não fica perto de pessoas como as deste grupo. Eles as incentivam a começar a se drogar, isso por muitos motivos, normalmente por vingança. Depois, quando estão viciadas, eles não se preocupam mais, já se consideram vingados* — explicou o membro do Grupo Esperança.

— *Você, Maria Laura, atende estes meninos?* — perguntou Larissa.

— *Quando estão na minha lista, sim* — respondeu ela.

— *O que vocês vão fazer com eles? Como pretendem ajudá-los?* — Carla curiosa quis entender.

— *Estamos esperando uma assistente social que virá aqui conversar com estes garotos. Ela oferecerá ajuda, os convidará para irem a uma clínica e nós tentaremos influenciá-los para irem. Os desencarnados também escutarão, aí falaremos com eles, também oferecendo auxílio. Espero que desta vez consigamos levar alguns* — desejou Mariozinho.

Maria Laura nos lembrou de que tínhamos nossa tarefa. Despedimo-nos deles, desejando êxito.

— *Iremos agora ao nosso último pedido, em que um encarnado roga ajuda por outro. Visitaremos Conceição, que pede por Mariluce. Ambas trabalham neste prédio.*

— *Uma colega pedindo por outra! Que bonito gesto!* — admirei.

Entramos no prédio de escritórios. Conceição era uma senhora agradável, muito simpática e prestativa. Aquela pessoa a que todos recorrem nas horas de dificuldade. Ela estava preocupada com Mariluce e orava, pedindo que fosse dada ajuda à colega.

Mariluce acabara de chegar, estava trêmula, inquieta, olhos avermelhados. Fizera, à noite, uso de drogas; bastou olhar para ela para sabermos. Maria Laura, nossa instrutora, estudiosa e conhecedora dos problemas alheios, analisou-a com o olhar e nos esclareceu:

— *Eu já analisei Mariluce e já poderíamos ir embora, mas, para que vocês entendam, vou lhes explicar o que acontece: ela não quer nossa ajuda, não está querendo, por enquanto, auxílio de ninguém. Está se drogando, já é dependente, mas acha que não e que tudo está sob controle. Mariluce tem trinta anos, é solteira, tem um bom emprego, mas, se continuar assim, logo estará desempregada. Não está rendendo no trabalho, já não desempenha bem sua função. Como os tóxicos deixam o raciocínio lento e a memória confusa, ela tem cometido muitos erros e deixado o trabalho atrasar, está irritada e deprimida. Foi por isso que Conceição, preocupada, pediu ajuda a Deus.*

— *Atendemos em nome de Deus! Não é que somos importantes?* — Ricardo riu.

— *Acho que ninguém de nós é digno de atender em nome de nosso Pai Amoroso; nós o fazemos por misericórdia!* — opinou Edu.

— *Se ela não quer ajuda, o que vamos fazer?* — perguntou Carla.

— *Vamos dar um passe, energias benéficas em quem está pedindo, Conceição. Depois, faremos a mesma coisa com Mariluce e tentaremos instruí-la sobre o perigo que corre* — respondeu Maria Laura.

O DIFÍCIL CAMINHO DAS DROGAS

Rodeamos Conceição e oramos com as mãos estendidas sobre ela, que, por instantes, parou de trabalhar e suspirou; veio à sua mente a figura de Jesus abençoando-a. Ela se sentiu bem, recebeu nossas energias. Fomos até Mariluce, fizemos a mesma coisa, mas ela não recebeu nossas energias, que voltaram a nós. Nossa instrutora tentou inspirá-la, aconselhá-la a se afastar das drogas, a se cuidar. Ela recebeu os pensamentos de Maria Laura de forma confusa e pensou por momentos que poderia se dar mal com os tóxicos, mas repeliu a ideia, não queria pensar nisso.

— *Uma oração sincera, em que se pede com fé, não fica sem resposta. A prece realmente beneficia quem a faz!* — concluí.

— *É verdade, e também é bom orar e pedir por outros. Vimos aqui um ato bonito de uma colega preocupada em pedir por outra. Conceição, que orou, foi beneficiada porque estava receptiva; Mariluce, como não estava, pouco recebeu. Agora vamos à nossa visita tão esperada à chácara, rever os amigos do Grupo Esperança.*

A chácara Esperança é muito bonita. Fomos recebidos por Pedro e Mariozinho, que nos deram as boas-vindas. Carla, assim que viu Mariozinho, lhe indagou:

— *Que aconteceu com o grupo sob o viaduto?*

— *Trouxemos dois para o nosso abrigo, e um encarnado foi com a assistente social, os outros continuaram lá. Vamos insistir, somos persistentes* — ele sorriu.

Primeiro fomos conhecer a construção que abrigava os encarnados. Era uma casa antiga reformada, com vários quartos. Tudo ali era simples, mas confortável. Naquela hora do dia, todos estavam trabalhando: três garotos na limpeza da casa, duas meninas ajudando na cozinha e outras duas lavando roupas. Pedro nos explicou:

— *O trabalho é uma grande terapia, aqui todos os internos trabalham, não o fazem se estiverem doentes ou muito debilitados, como este aqui.*

Num quarto, um jovem estava deitado num leito; tinha aspecto doentio, estava pálido e magro, parecia febril, estremecia de vez em quando. Mariozinho nos esclareceu:

— *Este é Rodolfo, tem vinte e três anos, está muito dependente, mas quer se libertar do vício. Está anêmico, fraco e, embora medicado, necessita de cuidados especiais. Ficará mais uma semana no leito, depois se juntará aos outros. Começará com pequenas atividades e depois irá trabalhar. Todos aqui fazem oito horas de trabalho diário, a instituição lhes dá roupas e alimentos saudáveis. No horário de lazer, ouvem música, dançam... há revistas e bons livros para ler, e eles podem também assistir à televisão.*

— *A instituição tem muitos empregados?* — perguntou Carla.

— *São cinco: duas senhoras que trabalham na casa, um senhor que organiza o trabalho na horta e no jardim, outro que ajuda os jovens a cuidar dos animais, e o diretor, que coordena tudo. E podemos contar com o abençoado trabalho voluntário. Como esse ato é importante! São pessoas de boa vontade que aqui vêm para ajudar, e como ajudam! Uma senhora ensina os jovens a pintar e a bordar, e eles têm feito artesanatos que são vendidos. Uma parte da venda é destinada à compra de material, outra fica para eles. Uma pessoa vem duas vezes por semana lecionar inglês, um jovem professor dá aulas de espanhol. Uma mestra aqui vem para instruí-los em matemática e português. Estão entrando em contato com um marceneiro, que virá dar lições de como fazer peças de madeira. Temos enfermeiras que aqui vêm quando necessitamos, dois médicos e dois psicólogos que nos atendem gratuitamente; também recebem orientação de uma terapeuta ocupacional e ajuda de uma bibliotecária. Contamos também com senhoras que vêm aqui ensinar a cozinhar e até para fazer algumas comidas diferentes. É a sociedade tentando ajudar seus membros a se melhorar, a viver melhor, para o bem-estar de todos.*

Depois que olhamos a casa toda, fomos conhecer a parte externa. A área não era muito grande. Havia um lago, e Mariozinho informou:

— *Aqui, temos uma pequena criação de peixes, os internos podem pescar, mas o que consumirão. Um vizinho fez o lago para nós e comprou os peixinhos que foram soltos neste lago.*

Nos fundos da casa existia um pomar em formação, mas que já dava frutos; do lado, uma horta, onde encontramos muitos jovens trabalhando.

— *Os internos cuidam do pomar e da horta que fornecem alimentos a eles, e o excedente é doado a uma creche que fica aqui perto. Ali estão os animais: duas vacas, que dão leite, galinhas cujos ovos utilizamos, e dois cavalos que os jovens gostam de cavalgar pela chácara, no horário de lazer.*

— *Os internos não podem sair daqui?* — perguntou Larissa.

— *Quando aqui chegam, por um período, não podem se ausentar. Depois o fazem acompanhados de familiares. Se estão bem, podem sair em determinados dias, ir para casa por uma semana* — respondeu Pedro.

— *Esta instituição está vinculada a alguma religião?* — Ulisses se interessou em saber.

— *Não, este abrigo não está ligado a nenhuma religião. As pessoas que cuidam daqui têm as suas crenças, mas todas são cristãs e seguem os ensinamentos de Jesus, amando o próximo como a si mesmo. A maioria dos internos é religiosa. Aqui, os jovens são convidados a orar três vezes ao dia: quando se levantam, antes do almoço e à noite. Às vezes, um deles ou o diretor recita a prece em voz alta. É recomendado que cada um faça a sua* — esclareceu Mariozinho.

No horário certo, os internos foram chamados para o almoço. Vieram rápido, lavaram as mãos, sentaram em volta das mesas. Funcionários e internos faziam as refeições juntos. Naquele dia, antes de se servirem, oraram em silêncio. Uns fizeram orações com suas palavras, outros rezaram o Pai-Nosso ou a Ave-Maria.

Pedro nos convidou para ver o abrigo no Plano Espiritual, um pequeno posto de socorro para os desencarnados que foram toxicômanos. Era uma construção grande a alguns metros do casarão dos encarnados. O local era bonito; a casa, grande, com muitos quartos, uma boa biblioteca, sala de música e os alojamentos da equipe.

Vimos os garotos que havíamos trazido, limpos e já com aspecto melhor. Mariozinho nos informou:

— *Este se chama Lázaro, desencarnou há cinco meses. Ele e Rogério vão se recuperar devagar.*

— *Quando ficarem mais conscientes permanecerão aqui?* — perguntou Larissa.

— *Este abrigo é provisório* — respondeu Mariozinho —; *os que querem mesmo se libertar da dependência, dos condicionamentos do corpo físico, são transferidos para o hospital da colônia. É difícil prever se vão querer mudar a forma de viver. A maioria sai assim que se sente melhor, vai vagar ou ficar atrás de afins para novamente usufruir de seu vício.*

— *Temos, no momento, vinte e seis abrigados. Há vaga para trinta. Nesta noite haverá reunião dos Narcóticos Anônimos, e, nesses encontros, sempre trazemos desencarnados necessitados, por isso, logo cedo transferimos três, e outro saiu sem permissão* — esclareceu Pedro.

— *Qual é o objetivo desta casa?* — quis saber.

— *Meus jovens aprendizes* — respondeu Pedro —, *quase sempre encontramos junto de um usuário encarnado um ou mais dependentes desencarnados. Nosso objetivo, do Grupo Esperança, é auxiliar os que estão no invólucro físico, e muitas vezes para ajudá-los é necessário separar, tirar de perto do toxicômano encarnado os viciados sem o corpo físico; assim fazemos e os trazemos para cá. Também abrigamos alguns, como os que vocês trouxeram, que não estavam vampirizando ninguém. Quando um usuário se interna na instituição, se ele vier com dependentes desencarnados, estes ficam conosco e se saírem não podem voltar para perto do companheiro enquanto ele estiver na instituição. Aqui, nesta parte, alguns permanecem mesmo sem querer, não ficam presos, mas trancados, como costumamos dizer, isto é, ficam por uns dias aqui conosco sem poder sair. Isso é feito para que os companheiros encarnados deles, que tentam se libertar do vício, não recebam suas influências.*

— *E, quando saem, para onde vão se o companheiro encarnado está aqui?* — preocupou-se Carla.

— *Uns vão atrás de outros usuários, alguns ficam esperando o companheiro sair e até o chamam em pensamento* — respondeu Pedro.

— *E eles escutam? Recebem esses apelos?* — indagou Ricardo.

— *Sim, recebem os deles e os nossos, que são de incentivo, atendem quem querem. Eles não escutam, sentem esses chamados, é como se pensassem. Uns ficam desesperados para usar, e alguns o fazem* — explicou Mariozinho.

— *Estou vendo aqui alguns membros da Equipe do Grupo Esperança. Onde estão os outros?* — indagou Carla.

— *Como já disse a vocês, ajudamos nas reuniões dos Narcóticos Anônimos. Temos de incentivar o grupo encarnado a ir aos encontros e a não fazer uso das drogas* — esclareceu Pedro.

— *Que trabalho interessante! Tem dado resultado?* — Ulisses quis entender.

— *Não tanto como gostaríamos. Mas desanimar e nada fazer não resolve nem auxilia. Temos tido muitos resultados positivos* — Mariozinho de fato queria que compreendêssemos.

— *Estamos hoje com duas dificuldades: dois frequentadores dos Narcóticos Anônimos estão muito indecisos. Vocês não gostariam de ajudar nosso grupo?* — perguntou Pedro.

— *Sim!* — respondemos em coro.

Maria Laura concordou, deixando-nos alegres com a expectativa de ver algo mais, de participar de uma ajuda diferente e com a qual certamente aprenderíamos muito.

— *Venham primeiro conhecer nosso abrigo; depois, vocês vão auxiliar nossa equipe* — decidiu Pedro.

Os quartos eram grandes, arejados; muitos dos internos estavam nos leitos. Encontramos alguns no salão; uns lendo, outros pensativos. Foram poucos que responderam aos nossos cumprimentos, a maioria estava muito perturbada.

— *São muitos os que estão trancados?* — indagou Edu.

— *Três. Estão aí porque são rebeldes e para que os encarnados na instituição melhorem; eles têm de ficar isolados, senão vão incentivar os companheiros do físico a sair e a se drogar Mas aqui eles recebem muito carinho, auxílio e orientação* — esclareceu Mariozinho.

Depois que vimos tudo, fomos com Pedro até um dos frequentadores das reuniões dos Narcóticos Anônimos. Marisa, membro do Grupo Esperança, estava junto de um moço e tentava influenciá-lo para que não usasse a cocaína que estava no seu bolso. Após a cumprimentarmos, Marisa nos explicou:

— *Este é Renato, tem vinte e seis anos, é usuário desde os dezesseis. Seu histórico é triste e parecido com o de muitos dependentes. Já roubou, principalmente de seu lar e de familiares, afastou-se dos bons amigos, não conseguiu concluir os estudos e já fez os pais sofrerem muito. Começou a frequentar o grupo dos Narcóticos Anônimos há três meses e tem se esforçado para libertar-se do vício; seus familiares estão esperançosos. Hoje ele se encontrou com dois colegas usuários, que lhe deram a cocaína, e está muito tentado a usar.*

Vimos que perto de Renato estavam três desencarnados; dois aflitos para vampirizar um encarnado que fizesse uso de tóxicos e um outro, de aspecto maldoso. Eles não nos viram. Marisa nos esclareceu:

— Podemos afastá-los do Renato e levar para o nosso abrigo estes dois que foram viciados e que ainda não se libertaram da vontade de usufruir das drogas. Mas eles já estiveram conosco seis vezes, não querem abandonar o modo como vivem. Este outro é um espírito com ideias vingativas, que odeia Renato por brigas de outras encarnações e quer vê-lo acabado, escravo do vício, um fracassado. Este desencarnado não foi usuário, não gosta de ser dependente, por isso trouxe estes dois para tentá-lo, para aumentar nele a vontade de usar a cocaína.

— Marisa, por favor, leve os dois para o abrigo; ficaremos aqui com Renato — pediu Pedro. Depois explicou-nos: *— Mas eles poderão ficar na chácara por três dias, dão muito trabalho. Será mais uma tentativa de auxiliá-los.*

Marisa pegou os dois pela mão e volitaram. Para eles, foi como sumir daquele lugar para estar no abrigo. O desencarnado maldoso se inquietou, percebeu o que tinha ocorrido: que socorristas bons estavam ali e que os dois haviam sido levados para outro local. Porém não deixou de incentivar Renato, olhou-o com firmeza e disse-lhe: *— Use a cocaína! Faz tempo que não usa algo tão puro assim! Fará bem a você! Afinal, não é de ferro, e uma recaidazinha não lhe fará mal!*

Cercamos Renato. Pedro falou-lhe, e ficamos vibrando para que atendesse ao nosso apelo.

— *Renato, não se drogue! Jogue fora esse veneno! Já sofreu e fez seus entes queridos sofrerem. Eles estão confiantes de que você não se drogará mais. Não tenha essa recaída!*

O jovem encarnado não escutou com o ouvido, mas recebeu os dizeres de Pedro e do outro desencarnado como se pensasse.

E usou a cocaína. Nós o vimos preparar a seringa e injetar a droga na veia. O espírito maldoso riu vitorioso. Marisa retornou, e Pedro determinou:

— *Deixemos Renato. O tóxico vai fazer efeito e ele não irá à reunião.*

— *Vamos deixá-lo sozinho na companhia deste desencarnado?* — perguntou Larissa, chegando mais perto de Maria Laura.

— *Foi a companhia que ele escolheu, que atendeu* — respondeu Pedro.

— *Vocês não vão mais ajudá-lo?* — indagou Edu.

— *Vamos, se ele nos pedir auxílio ou se voltar às reuniões dos Narcóticos Anônimos. Vamos à outra dificuldade* — convidou Pedro.

Fomos até Marília, outra trabalhadora do Grupo Esperança, que estava com Adriana, uma jovem de dezoito anos. A socorrista nos explicou:

— *Adriana começou a usar drogas muito jovem, aos doze anos, por causa do namorado, mais velho e completamente dependente. Ela se viciou logo nas primeiras vezes em que fumou maconha e passou em seguida para a cocaína; já fez uso até de heroína. Esteve internada numa clínica e quando saiu passou a frequentar o Grupo dos Narcóticos. Tem tentado se libertar, e sua luta não está sendo fácil.*

— *Quem é esse desencarnado perturbado que está ao lado dela?* — Carla curiosa quis saber.

— *O ex-namorado, que desencarnou num acidente de carro, quando estava sob o efeito das drogas. Ele também já esteve no*

O DIFÍCIL CAMINHO DAS DROGAS

nosso abrigo, melhorou e saiu. Está aqui querendo que Adriana se drogue para vampirizá-la, para sugar sua energia e ter a impressão de que faz uso também — contou Marília.

— *A luta é dela, somente vamos orientá-la! Não podemos ficar afastando todos os obstáculos dos usuários. A luta é de cada um* — explicou Pedro.

Cercamos Adriana, oramos por ela, e a garota foi receptiva, recebeu os conselhos de Pedro como uma intuição. Ele lhe disse palavras bonitas, lembrou-a dos pais, dos amigos, e ela pensou:

"Não vou me drogar! Prometi a mim mesma não usar. Só mais um dia! É difícil, estou com vontade. Mas só por hoje! Devo isso a meus pais. Eles já não têm dinheiro para me internar, para gastar comigo! Não vou usar!"

Pegou um livro para ler. O desencarnado aborreceu-se e saiu resmungando, disse que ia procurar outro usuário.

Pedro recomendou à Marília que ficasse com Adriana até ela ir à reunião.

Despedimo-nos deles e nos dirigimos ao posto do centro espírita. Fomos cuidar dos nossos três abrigados e esperar a hora de irmos ao local da reunião dos Narcóticos Anônimos.

DOZE

Chegamos ao salão, o local das reuniões dos Narcóticos Anônimos, bem antes da hora marcada para o início. Fomos recebidos por Luís Afonso e Margarida, dois trabalhadores do Plano Espiritual que auxiliavam nesse importante trabalho que tanto tem ajudado os dependentes químicos. Nossa instrutora nos apresentou e explicou:

— *Este local não é uma instituição religiosa. Mas, como em todos os lugares em que se ajuda alguém, há orientação do Plano Espiritual. Além do Grupo Esperança, a casa conta com o auxílio destes dois amigos.*

— *Sejam bem-vindos!* — Margarida nos recebeu delicadamente. — *Mostrarei o local a vocês. É pequeno, mas tem sido de grande ajuda a muitos que querem se libertar de suas dependências. Aqui é o salão das reuniões; ali, um banheiro.*

Era só isso, um salão com cadeiras e, ao lado esquerdo, um banheiro. A casa ainda estava fechada para os encarnados. Ali não havia construção no Plano Espiritual como vemos em vários locais de socorro. Carla indagou, curiosa:

— *Vocês não têm abrigo para desencarnados?*

— *Não* — respondeu Luís Afonso. — *Margarida e eu temos nossa moradia num posto de socorro, e, se algum desencarnado vier aqui precisando ficar internado, o levaremos para os centros espíritas da cidade ou para o abrigo da chácara.*

— *Este salão pertence ao Grupo?* — perguntou Larissa.

— *Não* — foi Luís Afonso quem nos elucidou. — *Aqui, antigamente, era um bar; o proprietário teve um filho alcoólatra e, como foi recuperado pelos Alcoólatras Anônimos, cedeu este prédio para que eles tivessem onde se reunir. Duas vezes por semana, no horário noturno, há reuniões dos ex-dependentes de álcool e outras duas vezes há encontros dos que lutam para vencer o vício das drogas. As cadeiras foram doadas, e um senhor paga as contas de água e de energia elétrica. E são divididas entre os próprios frequentadores as outras despesas.*

A porta foi aberta, e as pessoas começaram a chegar. Foram distribuídos alguns folhetos.

— *Temos a nossa literatura: livros e folhetos que damos às pessoas que aqui vêm; são de grande ajuda* — explicou Luís Afonso.

Ulisses pegou um livro, *Narcóticos Anônimos*, e leu para nós um texto:

— *"O fruto de um trabalho de amor atinge sua plenitude na colheita, e esta chega sempre no seu tempo certo..."*

— *Que bonito!* — exclamou Larissa. — *Deixa-me ver. Que livro lindo!* — Abriu uma outra página e leu: — *"Não podemos modificar a natureza do adicto ou da adicção. Podemos ajudar a modificar a velha mentira, que: uma vez adicto, sempre adicto." Escutem esta outra frase, que ensinamento profundo: "Esforçando-nos para tornar a recuperação cada vez mais acessível. Deus, ajude-nos a lembrar que isso é possível."*

Dos livros e folhetos que os encarnados tinham ali à disposição, os desencarnados podiam encontrá-los numa estante, feitos da mesma matéria que usamos no Plano Espiritual. Nós examinamos esta literatura. A irmandade de Narcóticos Anônimos, ou NA, é muito organizada e sem fins lucrativos. E há somente um requisito para ser membro: o desejo de parar de usar drogas. O adicto segue 12 passos que possibilitam a recuperação. E há também as tradições, que são diretrizes que mantêm a irmandade viva e livre.

— *Que textos interessantes!* — exclamou Edu. — *Vou ler para vocês: "A única maneira de não voltar à adicção ativa é não tomar aquela primeira droga. Se você é como nós, então sabe que uma é demais e mil não bastam". Escutem esta: "Reconhecemos que não usávamos as drogas; elas nos usavam."*

— *Falam muito em adicto, adicção. Que é isso?* — perguntou Carla.

— *Um adicto é simplesmente um homem ou uma mulher cuja vida é controlada pelas drogas. Evitamos, nas nossas reuniões, falar palavras como: viciados, drogados, cocaína, usuários de tóxicos etc.* — explicou Margarida.

O ambiente estava agradável. Foi um alívio ver Adriana entrar no salão, ficamos chateados com a falta de Renato, que não veio mesmo. O grupo era muito fraterno, companheiros se cumprimentavam, carinhosamente. Entraram alguns desencarnados, que foram recebidos com carinho pelos membros do Grupo Esperança e convidados a ficar. Maria Laura nos esclareceu:

— Estes desencarnados irão para o abrigo da chácara. Após medicados e alimentados serão incentivados a ficar. Alguns ficarão e outros não.

— Estou vendo que alguns desses desencarnados vieram aqui sozinhos, isto é, não vieram acompanhando os nossos irmãos encarnados — observou Ulisses.

— Vamos observar este que acabou de chegar — mostrou Maria Laura.

Era um moço, que se aproximou de Mariozinho e pediu:

— Sr. Mariozinho, estou muito debilitado, sozinho e triste. Venho pedir ajuda, pelo amor de Deus! Será que não posso ir para a chácara de novo? Por favor!

— Espero que desta vez, Augusto, você fique na chácara e não saia após sentir-se melhor. Fique aqui e irá conosco quando terminar a reunião — determinou Mariozinho.

— Deus lhe pague! — agradeceu o moço, suspirando aliviado.

— Augusto já pediu ajuda várias vezes. Ele vem aqui no horário das reuniões; é emotivo, chora, vai para o abrigo e não fica; diz que o vício é mais forte do que ele — explicou Maria Laura.

— O vício está dentro da gente mesmo! Não é somente do físico! Desencarnados que se iludem, que querem viver como encarnados, têm as mesmas necessidades do envoltório de carne. Isso é incrível! — expressou Ulisses.

— Os vícios são hábitos adquiridos — explicou Maria Laura —, às vezes devagar, e que desarmonizam a pessoa. Para se livrar deles e harmonizar-se, é necessário querer mesmo, ter força de vontade. E não são somente os vícios materiais, mas todos. Pessoas que mentem, que se entregam à gula, à luxúria etc. Alguns estão muito enraizados, foram muito alimentados, assim o hábito se tornou mais forte, e a luta para vencê-los é mais difícil. Como você disse, estão em nós, no espírito, e se refletem no perispírito. As qualidades que adquirimos são *nossas. Os vícios também. Augusto sabe que desencarnou, mas não quer viver de outro modo e sofre as consequências do que a droga causou em seu físico. Era toxicômano e continua a ser.*

No horário marcado, a reunião começou. Um senhor fez uma linda oração pedindo proteção ao poder superior, às energias cósmicas. Todos acompanharam. Em seguida, ele falou, com voz agradável:

— Estamos contentes porque você conseguiu chegar aqui e esperamos que decida ficar. É importante você saber que vai ouvir falar em Deus em nossas reuniões. Referimo-nos a um poder maior do que nós, que torna possível o que parece impossível. Nós encontramos esse poder aqui, nas reuniões e nas pessoas. Este é o princípio espiritual que tem funcionado para vivermos livres das drogas: um dia de cada vez.

Um jovem leu um texto intitulado: "Só por hoje". Lindo! Nos emocionamos. Guardei parte na memória e transcrevo a vocês: "Só por hoje meus pensamentos estarão concentrados na minha recuperação, em viver e apreciar a vida sem drogas. Só por hoje se aplica a todas as áreas de nossa vida, no que temos de fazer e no que não convém ser feito e não apenas à abstinência das drogas. Temos de lidar com a realidade: um dia de cada vez. Muitos de nós sentimos que Deus só espera de nós as coisas que somos capazes de fazer hoje".

Leram mais uns textos dos livros deles. Falaram um pouco sobre o assunto lido e depois começaram os depoimentos. Ficamos admirados com esses relatos, todos tinham uma história de vida cheia de problemas, erros, recaídas e culpas, mas também de vitórias, um jovem de dezessete anos falou, comovido:

— Amava muito meu pai, ele era meu herói, amigo, mas morreu por causa de um enfarte, nos deixando sozinhos e tristes.

Não estava aguentando tanta dor, experimentei drogas para fugir e aliviar esse sofrimento e acabei me tornando dependente delas. Um dia, minha mãe me buscou na rua, estava caído numa calçada; ao debruçar-se sobre mim, chamando-me, tive a impressão de que vi meu pai. Melhorei do torpor de imediato, então vi minha mãe à minha frente; estava tão sofrida, envelhecida, magra, que estremeci. Eu a encontrava todos os dias, mas não reparava nela. Compreendi que era eu a causa do seu sofrimento. Fui para casa com ela, prometi a mim mesmo não usar mais tóxicos. Mamãe me levou a um médico, e ele nos falou deste grupo. Vim, me receberam com muito carinho, e hoje faz quatro meses que não uso drogas. Se às vezes vacilo, me lembro daquela madrugada e afirmo o meu propósito: só hoje não uso! Também tenho pensado bastante no que escutei aqui: "Quando acreditamos que as drogas resolverão nossos problemas e esquecemos o que elas podem fazer contra nós, estamos realmente em apuros". Quero me amar e me curar dessa doença! Quero ser limpo!

Palmas. Emocionei-me, desejei ardentemente que aquele jovem vencesse.

— Você não quer falar hoje, Maurílio? — perguntou o senhor que orou.

— Não! — respondeu Maurílio, que era um moço de trinta e poucos anos.

Uma mulher foi falar e Carla perguntou, curiosa, a Pedro:

— *Por que Maurílio não quer dar seu depoimento?*

— *Maurílio tem uma história triste* — contou Pedro. — *Está conseguindo ficar sem drogas, já frequenta o grupo há um bom tempo e nunca deu seu depoimento. Tem medo. Está confuso, sem saber como agir a respeito de um erro que cometeu. Anos atrás, Maurílio estava exagerando no consumo de*

O DIFÍCIL CAMINHO DAS DROGAS

tóxicos, saiu de casa, viajou, enturmou-se com outros dependentes. Um dia, estavam Maurílio e mais três colegas, quando um homem aproximou-se deles e ofereceu uma quantia em dinheiro para que matassem uma moça. Ele e outros dois aceitaram, mas um não quis. Seguiram a moça, souberam de seus horários, lugares que frequentava. Dias depois, surgiu uma oportunidade: ela estava sozinha numa rua pouco movimentada. Aproximaram-se, deram uma pancada em sua cabeça, que a fez desmaiar, colocaram-na num carro, afastaram-se da cidade. Pararam num local isolado, desceram com a moça e mataram-na a facadas. Receberam o pagamento, e Maurílio fugiu dali. O dinheiro não era muito, gastou-o todo em drogas. Soube pelo jornal que o companheiro que não participou foi assassinado, e os outros dois, presos. Teve medo e voltou para casa. A cidade em que aconteceu esse crime fica longe daqui, e os dois que foram presos não sabiam de onde ele era nem o nome dele, conheciam-no pelo apelido. Por isso, a polícia não tem nenhuma pista dele. Os pais o receberam com carinho, e ele aceitou um tratamento que a família ofereceu. Foi internado e agora frequenta o grupo. Arrumou emprego, está namorando, mas a consciência o acusa. É um assassino! Temos orientado Maurílio, aconselhando para que confesse, pague pelo crime que cometeu perante a lei. É o certo! Está confuso e não fala a ninguém sobre esse episódio. Acha que fez isso sem pensar, que não teve responsabilidade pelo ato. Mas uma garota desencarnou, o erro existiu e terá de repará-lo.

— *Como se cometem erros, roubos, crimes pelas drogas!* — lastimei.

— *Tenho pena do Maurílio e ainda mais dessa jovem que desencarnou* — Edu entristeceu-se.

— *E o mandante é tão errado quanto eles?* — perguntou Ricardo.

— *Creio que mais!* — respondeu Pedro. — *Vocês sabem que para o mesmo erro há várias reações. Maurílio e os companheiros justificam-se: estavam drogados; mas essa desculpa não é válida. Já o mandante, como pagou outros para cometer o ato, pode tentar se safar, dizendo que não teve nada a ver com o crime, mas isso também não é aceito. Todos são assassinos! E não se cometem erros somente por causa das drogas, há vários outros motivos, porém, nenhum justificável.*

A reunião terminou, todos os encarnados estavam contentes, com as forças renovadas. Mais um dia foi vencido. A luta é diária. "Hoje prometo a mim mesmo não tomar, não usar drogas." E assim o dia passa, inicia-se outro, com nova proposta, nova promessa. Um dia por vez. E que luta! Que vitória! E, dia após dia, completa-se a semana, os meses e os anos.

Os encarnados foram embora, membros do Grupo Esperança se aproximaram de alguns frequentadores e foram com eles. Carla perguntou:

— *Perto de um encarnado adicto há sempre um desencarnado bom, para ajudá-lo?*

— *Não! Os membros do Grupo Esperança visitam sempre os que fazem parte dos Narcóticos Anônimos. As visitas se intensificam dependendo da necessidade. A ajuda recebida é a resposta a um apelo deles.*

— *Esse auxílio é somente para os que vêm aqui, nestas reuniões?* — indagou Larissa.

— *Essa ajuda é para todos os que pedem e querem receber o que temos a oferecer. Os usuários são muitos e tentar auxiliar quem não quer é perda de tempo. Temos muito o que fazer e somos poucos. E nosso auxílio é limitado; não podemos ajudar aqueles que pedem, mas não estão receptivos à nossa ajuda. A luta é do dependente, ele se desarmonizou, ele é que tem de se harmonizar* — respondeu Margarida.

— *A ajuda de vocês é fundamental! Esta irmandade é de muita importância!* — elogiou Edu.

— *É realmente* — expressou Margarida. — *Tenho observado que sem auxílio de outros não se consegue abandonar os tóxicos. Mas não podemos fazer nada no lugar do dependente. Aos desencarnados que querem ajuda, oferecemos abrigo; aos encarnados, orientação, e aqui todos são incentivados, mas cabe a cada um fazer sua parte. Um adicto que não queira parar de usar não vai parar de usar.*

Gostamos muito da reunião, ajudamos o Grupo Esperança a levar os desencarnados para o abrigo, lá, cuidamos deles. Depois que todos estavam acomodados, Maria Laura nos chamou:

— *Garotos, fomos convidados a ir ao posto de socorro que fica aqui perto, para ouvir música.*

Aceitamos contentes, e volitamos até o posto. Era uma casa de porte médio, muito bonita, com um lindo jardim, mas simples. Assim que chegamos, nos dirigimos ao salão. Um grupo de músicos, seis instrumentistas, nos brindaram com lindas melodias. Fiquei emocionada, sempre gostei de músicas; daquelas que nos acalmam, nos elevam, inspirando bons sentimentos. O concerto terminou, aplaudimos os músicos com entusiasmo. Eles eram moradores de uma colônia, tinham outros afazeres, mas davam concertos pelos abrigos da região.

Ficamos conversando com Luís Afonso e Margarida.

— *Então vocês foram casados quando encarnados!* — admirou Carla, sorrindo.

— *Estivemos casados por quarenta anos* — contou Margarida.

— *Tivemos muitas dificuldades* — lembrou Luís Afonso. — *Margarida foi, é uma pessoa maravilhosa, me ajudou muito. Vou contar a vocês somente um pouquinho de nossa vida:*

comecei a beber quando adolescente, dizia ser por farra, divertimento. Conheci Margarida, nos enamoramos e prometi não me embriagar mais. Casamos e tivemos três filhos: passei a beber cada vez mais. Tornei-me um alcoólatra. Fui despedido do emprego, e ela passou a trabalhar dobrado para sustentar a casa. Um dia fui atropelado, e, ao ser hospitalizado, um médico conversou muito comigo, me fez entender que estava agindo errado e que fazia meus familiares sofrerem. Convidou-me a ir a uma reunião. Saí do hospital, não bebi e fui a esse encontro. Era dos Alcoólatras Anônimos. Me fez um bem enorme. Segui suas normas, seus conselhos, e dia após dia venci meu vício e não bebi mais. Arrumei emprego, me tornei um bom esposo e ótimo pai para meus filhos. E me dediquei a essa irmandade até desencarnar. Minha esposa veio para o Plano Espiritual primeiro, encontrei-me com ela quando desencarnei. Aqui, estudamos e nos foi permitido trabalhar ajudando os que assim desejam, os que lutam para se libertar de suas dependências. E já faz anos que auxiliamos estas duas instituições: AA e NA.

— E essas duas irmandades têm ajudado na recuperação de muitos, não é? — perguntou Edu.

— Sim, têm ajudado. Embora recuperem-se somente aqueles que realmente querem. Recebe auxílio quem se torna receptivo — respondeu Margarida.

— São muitos os que incentivam o consumo de drogas, álcool, e há aqueles que auxiliam na recuperação do vício. Ainda bem que existem aqueles dispostos a ajudar! — concluiu Ricardo.

— Lembro a você, Ricardo, que não são muitos os que trabalham ajudando: a maioria quer ser servida — Ulisses suspirou.

O DIFÍCIL CAMINHO DAS DROGAS

— *O melhor mesmo é não se envolver com as drogas, não adquirir nenhum vício ou dependência!* — afirmei.

Despedimo-nos do casal, abraçando-os com carinho, e saímos do posto.

TREZE

— *Vamos agora socorrer os dois que faltam* — decidiu Maria Laura.

— *Sem analisar?* — indaguei.

— *Estes dois já estão certos* — afirmou nossa instrutora. — *Um está preso numa fortaleza no umbral, e outro está num local na zona umbralina. O primeiro pede socorro, quer ajuda, e os servidores do Departamento de Pedidos decidiram que ele deve ser tirado de lá e levado para o hospital da colônia. O segundo, uma garota, está tão perturbada que nem consegue pedir, mas já está aqui há tempo, e hoje chegou sua vez de ser socorrida.*

— *E se ela não quiser o nosso socorro?* — perguntou Ricardo.

— *Ela vai demorar para se recuperar e, quando melhorar, se não quiser ficar no hospital, poderá sair. Mas dificilmente, em casos como o dela, não se aceita ajuda. Essa garota já sofreu muito* — esclareceu nossa instrutora.

— *Vamos entrar numa fortaleza?* — indagou Larissa.

— *Sim, vamos* — confirmou Maria Laura. — *É uma moradia do umbral e não fica longe do posto de socorro em que estivemos. Estamos indo agora, às duas horas, porque neste horário seus moradores saem muito, e a fortaleza recebe muitas visitas de desencarnados e também de encarnados que têm o corpo físico adormecido. Nesse entra e sai de pessoas, é fácil para nós entrar e resgatar esse jovem.*

Num terreno plano estava a fortaleza: uma construção de pedras, cor cinzenta, com algumas janelas pequenas e, na frente, um grande portão de ferro, que estava aberto.

— *Maria Laura, você tem certeza de que precisamos entrar aí? E se eles perceberem que somos servidores do bem? E se um dos moradores nos enfrentar?* — Larissa estava com medo.

— *Calma, garota, não vai acontecer nada. Não tenha medo!* — afirmou Ricardo.

— *Se você não quiser ir, poderá ficar aqui nos esperando* — autorizou Maria Laura.

— *Sozinha? Prefiro ir* — decidiu Larissa.

O umbral é enorme, tem vales, locais com muitos buracos, cavernas, lamaçais e muitas construções isoladas e cidades onde se agrupam grande número de desencarnados. Há moradores que se sentem bem como estão, isto é, vivendo na maldade, nas suas cidades, onde há muitas orgias; vemos escravos que lá permanecem contra a vontade, e outros que aprendem pela dor, por terem desprezado as oportunidades pelo amor. São os

O DIFÍCIL CAMINHO DAS DROGAS

sofredores. Esses lugares têm nomes, e muitos deles são mais específicos a determinados vícios; existem construções para luxúria, vingança e ódio, que incentivam o uso do álcool e, mais recentemente, dos tóxicos. Esta era uma delas, frequentada pelos amantes das drogas. Seus chefes, os desencarnados que mandavam ali, não eram usuários, porque eles sabiam que, ao se prender nesse vício, ficam realmente dependentes, e ninguém manda, comanda, perturbado por causa dos tóxicos.

— *Entraremos invisíveis na fortaleza* — determinou Maria Laura.

— *Eles não irão nos ver mesmo?* — perguntou Larissa.

— *Desencarnados que têm conhecimentos sabem sentir nossa presença sem nos ver. Por isso, viemos nesta hora e dia, soubemos que os mandantes deste local saíram para uma reunião e os que ficaram certamente não saberão nos sentir* — tranquilizou nossa instrutora.

— *Como iremos fazer para resgatar este que nos pede socorro se ele não nos ver?* — perguntou Carla.

— *Ele não nos verá, mas poderá nos escutar. Vamos entrar agora, nos comunicaremos por pensamentos e somente quando necessário. O jovem que iremos socorrer se encontra na parte esquerda, nos fundos do casarão, onde está a prisão. Com ele estão mais dois, que infelizmente não podemos auxiliar. Se estivesse sozinha, iria já para lá, o soltaria e sairia em seguida. Mas vocês estão aqui para aprender, e vamos aproveitar a oportunidade para conhecer algumas repartições da fortaleza. Depois iremos à prisão, à cela, falarei com o pedinte e teremos de ser rápidos para tirá-lo de lá, pois ele não ficará como nós, invisível aos outros* — explicou Maria Laura.

Atravessamos o portão que estava aberto, uma porta, e nos defrontamos com uma salinha onde estavam três desencarnados conversando animados e dando gargalhadas. Eram

157

guardas corpulentos, cabelos compridos, com roupas escuras e estavam armados. Larissa arregalou os olhos e ficou bem próxima da nossa instrutora. Os guardas atingiam seus objetivos: muitos ao vê-los já ficavam com medo. Passamos por eles sem dificuldades, eles não nos viram nem nos sentiram.

Entramos num salão que estava vazio. Era o local de reuniões e de festas, as paredes eram coloridas, e havia muitos quadros eróticos. Maria Laura apontou para um local e recebemos seus pensamentos:

"Ali está a parte reservada aos chefes, são salas denominadas escritórios ou alojamentos. Vamos por aqui."

Andamos por um corredor com várias portas, e novamente nossa instrutora esclareceu:

"Aqui ficam os frequentadores da casa, que foram toxicômanos encarnados e que agora, desencarnados, ainda sentem falta das drogas porque não perderam os reflexos do corpo físico. Eles se agrupam, estas salas são como o quarto deles."

Uma porta se abriu. Maria Laura fez sinal para que olhássemos para dentro. Um casal saiu, observamos os dois. Deveriam ter desencarnado com quarenta anos, estavam sujos e com expressão de que usaram drogas. Depois olhamos para dentro da sala, não havia móveis nem enfeites. Lá estavam uns vinte desencarnados sentados no chão: uns conversando; outros, quietos. A porta se fechou, e nossa orientadora explicou:

"Desencarnados que sugam energia de um encarnado que usou droga sentem seu efeito. Vamos à prisão."

Descemos por uma escada, defrontamo-nos com uma porta de ferro. Passamos por ela sem abri-la. Nós, que já mudamos de planos, aprendemos a passar pelas construções materiais e espirituais. É fácil, mas para fazê-lo é necessário aprender. Desencarnados que têm os condicionamentos do corpo físico dificilmente fazem isso; e se acha que está encarnado ele nem

O DIFÍCIL CAMINHO DAS DROGAS

tenta fazê-lo. Repito que conhecimentos não são privilégios dos bons, os maus também o possuem. Construções da matéria do Plano Espiritual são mais difíceis de atravessar. Para conseguir, temos de estudar muito, ter domínio sobre nossa vontade e treino. Todos nós do grupo já tínhamos feito esse estudo, mas foi Maria Laura que mentalizou um buraco que se abriu, e passamos. Há, em muitos locais no umbral, um sistema de alarme que impede esse processo. Felizmente, neste lugar não havia. Entristeço-me sempre quando vou a lugares assim.

Prisões são locais de dores, muito sofrimento. Lembrei-me de uma amiga que diz sempre: "É bem melhor não se afinar com as trevas, com espíritos trevosos, porque, se o fizer, é sofrimento na certa."

Como o processo de atravessar construções do Plano Espiritual também pode ser do conhecimento dos maus, as colônias e postos de socorro têm sistema de alarme que impedem a entrada de intrusos. E quando é preciso fazer um socorro em locais onde existem alarmes, ele é feito por socorristas experientes, e a tarefa é sempre bem-sucedida.

Maria Laura parou em frente a uma cela. A prisão era parecida com uma cadeia de encarnados. A cela era pequena e sem janela. Somente no corredor havia claridade. A porta tinha grades. Entramos pelo mesmo processo. Os três prisioneiros que estavam nela se encontravam quietos, sentados no chão. Nossa instrutora nos pediu para ler seus pensamentos.

Rodeamos um homem. Deve ter desencarnado com cinquenta anos, estava preso por desobediência e ansiava cumprir a pena para farrear com seus companheiros. Achava o castigo merecido, não fez o que lhe foi ordenado e tinha de pagar por isso.

O segundo era um homem de trinta e cinco anos. A maioria, no umbral, mantém a aparência de quando tinha o corpo físico, embora isso não seja regra. Os moradores da zona umbralina mantêm o perispírito como querem, pois este é modificável, e os que sabem como fazê-lo o modificam por muitos motivos.

Esse homem queria sair da prisão para unir-se a outro grupo; odiava os que o prenderam. Queria vingança pela humilhação de estar preso.

O terceiro, nosso pedinte, tentava orar, rogava perdão a Deus e pedia para o Pai ajudá-lo. Queria ficar livre daquele lugar. Estava preso porque não quis fazer uma maldade.

Nossa instrutora fixou o olhar nos dois e os fez adormecer. Aproximou-se do que ia ser socorrido e falou baixinho:

— *Vamos ajudá-lo! Fique calmo! Quieto! Embora você não veja, sentirá que alguém pega a sua mão. Siga em silêncio!*

— *É a senhora, vovó?* — perguntou ele.

— *Confie, auxiliaremos você* — respondeu Maria Laura.

Ulisses pegou na mão dele. O jovem levantou-se e passou conosco pela abertura da grade, depois pela porta de ferro. Nossa instrutora ficou por último, fechando as aberturas. Passamos pelo corredor.

— *Procure ser natural! Saia como costumava fazer antes de ser preso!* — Maria Laura falou baixinho para o moço.

Somente ele era visível para os que se achavam ali, e ninguém na fortaleza nos viu. Não fomos vistos nem pelo nosso pedinte. Ele obedeceu, fez como lhe foi ordenado.

Nossa instrutora passou à frente, foi sozinha à sala onde estavam os três guardas, nós ficamos esperando no corredor. Ela entrou no cômodo ao lado, era a sala da chefe, e, lá dentro, fez-se um barulho. Os três abriram a porta e entraram para ver o que havia acontecido. Passamos rápido pela salinha e saímos da fortaleza. Andamos ligeiro, apoiando o socorrido.

O DIFÍCIL CAMINHO DAS DROGAS

Depois que nos afastamos uns duzentos metros, paramos e olhamos para o casarão. Tudo parecia tranquilo. Carla perguntou:

— *Será que darão por falta dele?*

— *Seus dois companheiros dormirão por um bom tempo e, como costumam prender e soltar prisioneiros sem dar satisfação, não estranharão a ausência do colega de cela. Acho que ninguém lá sentirá sua falta, mas, se sentirem, certamente não darão importância* — explicou Maria Laura.

— *É verdade que nesta fortaleza quem manda é uma mulher?* — perguntou Edu.

— *Sim* — respondeu nossa instrutora —, *é uma desencarnada que na encarnação mais recente vestiu um corpo feminino. Ela é fria, calculista, e é temida por esta região umbralina.*

— *Mulheres no poder!* — expressou Ricardo, dando um risinho. Como ninguém achou graça, ficou sério e pediu: — Desculpem-me!

— *Quem são vocês? Quero agradecê-los. Para onde me levarão? É a senhora, vovó Alba, que está aqui?* — perguntou o moço.

— *Somos um grupo que socorre os que pedem auxílio a Deus. Logo você nos verá. Levaremos você para um local bonito onde aprenderá a viver desencarnado com dignidade. Sua avó não está aqui* — respondeu Maria Laura e, virando-se para nós, pediu: — *Andemos rápido! Um de vocês ajude Ulisses a amparar este jovem, vamos seguir por aqui. Não muito distante está o nosso quinto pedinte. Voltaremos ao abrigo do centro espírita somente com os dois.*

Amparei o moço, coloquei seu braço sobre meu ombro e seguimos ligeiro. Foi então que reparei melhor nele, estava machucado, tinha levado uma surra. O corpo que usamos após a morte do físico, o perispírito, é idêntico ao que usamos quando estamos encarnados, mas pode ser modificável, como já falei. A maioria dos desencarnados mantém a aparência que tinha quando encarnado e, se não aceita a morte do físico, se não aprende a viver como tal, sente como se vivesse ainda no corpo carnal. Por isso, dissemos que eles mantêm os condicionamentos do invólucro material. Sentem fome, frio, dores, podem ser surrados e sentem que se machucam.

Tóxicos fazem muitas vítimas. Temos visto pelos noticiários dos encarnados ocorrerem chacinas por causa de dívidas, desobediências, tudo em função do envolvimento com o tráfico. Aqui no Plano Espiritual, na zona umbralina, também há, pelos mesmos motivos, muitas maldades; existe quem manda e quem tem de obedecer. Como não se pode matar o perispírito, há prisões terríveis e castigos desumanos. Infeliz do imprudente que se liga a drogas, a erros... podem ter certeza que, de fato, se uniram mesmo. E como é difícil, nos dois planos, a recuperação.

Após uma hora de caminhada, chegamos a um lamaçal. Temos algumas maneiras de andar pelo umbral; fazê-lo na lama é difícil e demorado, por isso, volitamos rente ao chão. Ulisses e eu sustentamos o nosso socorrido, que estava quieto e, às vezes, se assustava.

Maria Laura logo achou a moça, a última a ser socorrida. Estava sentada na lama e encostada numa pedra, sujíssima, olhos parados, muito magra, e balbuciava palavras incompreensíveis. Nossa instrutora a pegou pelos braços, levantando-a. Larissa e Ricardo abriram uma maca e a colocaram deitada.

— *Vamos agora para o abrigo do centro espírita* — determinou Maria Laura.

Voltamos rápido. Quando chegamos, o moço pôde nos ver, observou-nos maravilhado. Cuidamos dos dois, os higienizamos, medicamos e alimentamos. O moço chorou muitas vezes e rogou:

— *Por favor, não deixem que eu volte àquele lugar! Quero melhorar, sarar, ser uma boa pessoa!*

O DIFÍCIL CAMINHO DAS DROGAS

— *Pois será, meu jovem!* — Edu o abraçou.

O moço dormiu, a moça continuou inquieta. Maria Laura teve de adormecê-la, mas mesmo dormindo continuava falando, embora não entendêssemos nada. Mas pudemos sentir que ela estava com muito remorso e que tinha cometido muitos erros: havia se drogado tanto que matou o corpo físico, que era sadio, traficou para alimentar seu vício e havia desencarnado fazia trinta anos. Sofreu muito. Sabíamos que demoraria para se equilibrar, melhorar, mas agora seria amparada, auxiliada. Depois que acabamos, sentamos nas poltronas da sala que nos foi destinada.

— *Iremos para a colônia depois da oração matinal, onde nos despediremos e agradeceremos aos trabalhadores desta casa* — informou Maria Laura.

— *Ainda há nomes na lista. Que acontecerá com eles?* — perguntei.

— *Serão os primeiros do próximo socorro* — respondeu nossa instrutora.

Marcelinho, Maria Cecília e Francisco estavam quietos, mas atentos ao que conversávamos. Maria Cecília, aproveitando uma pausa nossa, indagou baixinho:

— *Será que posso falar? Dizer uma coisa a vocês?*

— *Pode* — consentiu Maria Laura, sorrindo carinhosamente.

— *Tenho medo de fracassar, do futuro, de sofrer, de não conseguir ser uma boa pessoa. Cometi atos ruins e sofri muito* — a garota enxugou umas lágrimas.

— *Que pessimismo!* — exclamou Ricardo.

— *Por que você não pensa que já sofreu e que agora terá oportunidade de se sentir melhor, de aprender a fazer o bem?* — sugeri.

— *Maria Cecília* — disse Maria Laura —, *não se deixe impressionar com os acontecimentos negativos da vida, não se envolva com eles a ponto de esquecer o positivo. Responda-me: você não teve pais que a amaram? Não teve um corpo saudável com o qual pôde se locomover, enxergar e falar? Teve muitas coisas boas, momentos felizes. Não pense nos ruins a ponto de esquecer os bons. Se pensar apenas nos males que sofreu e que teme sofrer, você eclipsa os momentos felizes pelos quais passou e a esperança de que ainda terá felicidade. Seja otimista, realista, se esforce para estar bem, conquiste a felicidade fazendo os outros felizes. Seja grata e alimente a esperança. E o principal, ame a Deus, a você e ao próximo.*

— *Eu também posso falar?* — indagou Francisco, que, diante do gesto afirmativo de cabeça de nossa instrutora, continuou:

— *Ontem escutei aqui uma pessoa discursar sobre o perdão, achei muito bonito e ilustrou bem o que aconteceu comigo. Quando meu invólucro físico morreu, fiquei muito perturbado, e um desencarnado me maltratou muito. Quando consegui entender o que me aconteceu, ele riu de mim. Falava com ironia que foi ele quem me incentivou ao vício e que agora teria de fazer maldades para me tomar mau e sofrer mais ainda. Dizia sempre que me odiava, porque eu o havia prejudicado bastante na minha encarnação anterior. Não me lembrava nem me lembro de nada, mas sinto lá no íntimo que é verdade. Não o odiei, tinha e tenho medo dele. Perdoei e sinto por ele não ter me perdoado. Não quero mais ser inimigo dele.*

— *Perpetuamos, aumentamos nossa inimizade sendo inimigos deles também* — elucidou Maria Laura. — *Existe um modo infalível para neutralizar a inimizade de alguém: amá-la, amar a pessoa como sua amiga. Quando você odeia e é odiado, esse ódio é forte, grande, devastador, causando inúmeros desatinos e sofrimentos. Porque ódio gera ódio; vingança, outra vingança; maldade produz maldade e violência com violência a aumenta.*

Quando apenas uma pessoa odeia e faz o mal à outra, se esta não revidar, age bem, porém a desavença continua a existir. O melhor é fazer o bem a quem nos odeia, anular esse ódio e ensinar o outro a amar. Você, Francisco, pode ter feito o mal a esse indivíduo, que se tornou mau, vingando-se. Recebeu a maldade dele; não quer revidar, perdoou. Recebeu esse mal externamente, e o outro o fez também para si mesmo. Faça um esforço para amá-lo, aprenda a fazer o bem, talvez você um dia tenha oportunidade de ajudá-lo.

— *Será que conseguirei ser útil? Fazer o bem?* — perguntou Francisco.

— *Pode ter certeza que sim. Quando queremos e trabalhamos por isso, o resultado é positivo. Confio em você, meu caro, será um ótimo trabalhador do bem* — motivou Edu.

Francisco sorriu, animado.

— *Eu quero agradecê-los. Deus lhes pague!* — agradeceu Marcelinho.

— *Como deixamos pendências para Deus pagar!* — comentou Ricardo.

— *Deus, Ricardo, não nos recompensa nem nos castiga* — Maria Laura explicou. — *Nosso Pai sabiamente nos deixou suas leis justas, e uma delas é a do retorno. Tudo o que fazemos, as ações, nos pertence e recebemos suas reações. Ao fazermos o bem teremos o retorno, e essa forma de agradecimento, "Deus lhe pague", é uma maneira de pedir ou lembrar que teremos a volta do bem realizado. Essa capacidade aumenta em nós à medida que nos doamos e fazemos o bem. Exemplo: eu amo a todos e quanto mais reparto, divido esse amor, mais ele aumenta em mim e sinto que as pessoas que o recebem aprendem a amar. Marcelinho, eu me alegro com seu agradecimento. O beneficiado tem de aprender a ser grato, mas o benfeitor não deve esperar ou contar com essa gratidão.*

É melhor fazer do que receber. Não sei de ninguém que tenha feito o bem desinteressadamente que se arrependesse e tenho visto quem não o fez se arrepender.

— *Maria Laura, será que não posso levar Lauro ao hospital da colônia? E aquele garoto com quem conversei à noite naquele bar. Queria tanto ajudá-lo* — pediu Edu.

— *Edu, sabe bem que teremos de levar os que podem ser abrigados no hospital. O número exato que dá para ser cuidado pelos trabalhadores locais* — lembrou Ulisses.

— *Eu poderia auxiliar no hospital* — expressou Edu.

— *Você ficaria responsável por ele? Você trabalharia em horário extra somente para ajudá-lo?* — perguntou Maria Laura.

— *É o que quero fazer* — afirmou Edu.

— *Está bem, vá buscá-lo!* — autorizou nossa instrutora.

Edu saiu rápido e voltou minutos depois com Lauro, que ficou sentado numa poltrona, e quieto.

Fomos ao salão orar; depois, agradecemos à equipe do centro espírita e despedimo-nos dela. Por fim, buscamos os seis socorridos, entramos no aeróbus e partimos para a colônia.

CATORZE

O aeróbus parou no pátio do hospital. Descemos com nossos socorridos e os deixamos na sala de entrada. Maria Laura nos informou:

— *Nosso estudo agora será por mais sete dias dentro do hospital, nesta parte de recuperação. Mas, antes, teremos vinte e quatro horas de folga, que poderemos usar como quisermos. Eu vou encontrar com meu filho e ir com ele ao teatro... Está passando uma peça muito bonita. Irei também visitar minha filha e meus netos, na Terra. Vocês estejam aqui às oito horas amanhã. Boa tarde e proveitosa folga a todos.*

Saímos contentes. Quanto a Edu, por trazer um extra, teria de dar sua contribuição. Ele ficou no hospital, cuidando não só de Lauro, mas também de outros. Despedimo-nos, e cada um foi para um lado. Eu fui à Casa do Escritor[1], local que amo frequentar; é uma colônia cujos moradores dedicam-se à literatura edificante. É sempre agradável estar lá, saber das novidades literárias tanto do Plano Físico como do Espiritual, conversar com os amantes dos bons livros. Depois fui visitar meus pais, que também estão desencarnados. Meu pai trabalha num posto de socorro no umbral, e minha mãe, numa escola na colônia. Não moramos juntos por nossa escolha de trabalho, durante alguns períodos ficamos afastados, mas o amor nos une, e nos encontramos quando é possível. Fui ao teatro e também li um livro.

No outro dia, antes das oito horas, eu estava no pátio do hospital, e logo nos reunimos para receber a orientação de Maria Laura.

— *Vocês conhecerão esta parte do hospital, e serão úteis também. Verão primeiro os que estão para ter alta; depois, os que se acham em condições razoáveis e, por último, os que estão perturbados. Todos foram toxicômanos.*

Entramos e fomos para o jardim. Encontramos Edu, que nos cumprimentou sorrindo; ele já estava trabalhando. Nossa instrutora nos deu as recomendações:

— *Hoje vocês ficarão aqui conversando e tentando orientar os internos, que logo estarão prontos para estudar, ser úteis. Vou fazer outro trabalho. Qualquer dúvida, vocês perguntem a Marina, aquela jovem ali. Verei vocês às vinte horas. Bom trabalho!*

Sabemos bem o quanto é importante para um desencarnado em recuperação falar de si, o quanto isso lhe faz bem, então

---

1 N.E. Há um livro com o mesmo título e que descreve essa colônia, A Casa do Escritor, psicografado por Vera Lúcia Marinzeck de Carvalho, do Espírito Patrícia. São Paulo: Petit Editora.

fui conversar com uma moça que estava sentada sozinha, parecia triste e pensativa.

— *Olá! Sou Rosângela! Como está?*

— *Oi! Eu me chamo Renata. Estou bem, obrigada!* — respondeu ela.

— *Posso sentar aqui com você? Que tal conversarmos um pouco? Você parece preocupada* — observei.

— *Estou para sair daqui e tenho medo.*

— *Medo de quê?* — perguntei.

— *De enfrentar o desconhecido. Compliquei muito minha vida, por ter sido tola e imprudente, sofri muito* — lamentou a garota.

Renata suspirou. Fiquei quieta. Ela necessitava falar, desabafar, e eu estava ali para escutá-la. Há sempre poucas pessoas para escutar. Após uma breve pausa, ela continuou a contar:

— *Não dei valor à oportunidade de reencarnação. Adolescente, não tive coragem de recusar quando meus amigos me deram drogas. Foi uma farra fumar maconha, cheirar cocaína, e quando vi que não conseguia ficar mais sem elas me apavorei, estava completamente dependente. Entendi tarde demais que algumas pessoas se viciam mais que outras. Não consegui mais estudar e me tornei um grande problema para meus pais. Achava, naquela época, que era dona do meu corpo e que fazia dele o que quisesse. Prejudiquei muito meus pais financeiramente, chantageava-os para que me dessem dinheiro, dizia que tinha dívidas com traficantes e que eles me matariam se não pagasse. Como eu me prostituía e usava seringa coletiva, fiquei doente, contraí Aids. Não quis fazer tratamento nem larguei das drogas. Certo dia, estava muito fraca, e um companheiro me deu, sem que eu percebesse, uma dose excessiva de drogas, e acabei desencarnando. Ele achava que estava me fazendo um bem, que eu ia parar de sofrer. Meus familiares entristeceram-se, mas sentiram-se aliviados, conformaram-se dizendo que eu ia ter paz. Mas foi então que sofri mesmo. Antes tinha o amor dos meus pais, que me protegiam, agora não tinha mais. Senti falta do carinho deles, eu não dera valor a esse afeto. Por afinidade, fui para o umbral, onde fiquei anos como escrava, tanto do meu vício como também de um grupo umbralino. Que experiência triste! Como me arrependi de ter me envolvido com tóxicos! Fui socorrida, me recuperei, mas tenho medo de enfrentar a realidade. Acho que não sirvo para nada!*

Peguei carinhosamente na mão dela e a animei:

— *Achar isso não é desculpa para não fazer nada. Os que tentam conseguem realizar algo. Mesmo que não faça certo, estará tentando. E é fazendo que um dia poderemos dizer que está feito! Você irá para uma escola aprender, e todos os que estarão lá terão esse mesmo objetivo. Irá, com certeza, gostar e não lhe será exigido nada que não consiga fazer. Não tenha medo, você não falhará! Terá muitas amizades e desta vez com um grupo em que todos estarão dispostos a melhorar e aprender para ser úteis.*

Renata chorou, falou por um tempo de seus pais, do irmão mais novo, de algumas amigas que resistiram às tentações das drogas, e que ela poderia ter sido como elas. Disse também que sentia remorso por ter feito seus pais sofrerem e que estava com vontade de reparar seus erros.

Falar e ter quem a escutasse lhe fez um bem enorme. Melhorou seu aspecto, pois estava esperançosa, e o medo tinha acabado. Despediu-se de mim dizendo contar os dias, horas, até ir para a escola.

Ulisses me chamou:

— *Rosângela, vamos conversar com aquela garota?* Está tão tristonha!

Sentamo-nos ao lado dela no banco. Era muito bonita. Olhou-nos timidamente. Apresentamo-nos. Retribuiu nossos cumprimentos com um sorriso e, depois de uns segundos, falou:

— *Eu me chamo Monique! Faz um ano e sete meses que estou aqui me recuperando, logo vou sair e ir para uma escola. Como morrer é estranho, digo, desencarnar, ainda tenho vontade de rir quando penso que estou morta, ou seja, vivendo sem meu corpo físico, aqui tive de fazer um tratamento para conseguir me livrar do meu vício, para não ter mais vontade de me drogar. E vou estudar!*

— *Monique* — motivou Ulisses —, *nós não adquirimos nada sem esforço, nem trabalho. Conhecimentos tem aquele que estuda. Não é por ter o corpo físico morto que nos tornamos sábios. Aqui, na espiritualidade, se tem muito o que aprender. Na escola você terá conhecimentos de como vive um desencarnado, como é o lugar em que viverá e, o mais importante, como fazer o bem a nós mesmos e ao próximo.*

— *Estou com muita vontade de aprender e acertar! Chega de erros! Eu, quando encarnada... Desculpem-me, ia falar de mim. Quero saber de vocês. Foram usuários?* — Monique quis saber.

— *Não* — respondi. — *Não fomos, estamos aqui para aprender a ser úteis. Por favor, fale de você, gostaríamos de ouvi-la.*

— *Que bom! Estou com muita vontade de falar de mim. Quando encarnada, morava numa cidade grande com meus pais e com uma irmã mais nova. Minha mãe queria que eu fosse modelo, para ela eu tinha todos os predicados para isso. Falou tanto que me entusiasmei. E, para tentar ser uma, foi uma trabalheira: eram sessões de fotos, tinha de ir de um lugar a outro, fazer algumas viagens. Cansei-me logo. Minha mãe não queria que eu desistisse, dizia que tinha gastado muito dinheiro comigo e que eu tinha de continuar. Meu pai discordou, e os dois começaram a brigar. Resolvi fazer o gosto dela, passei a desfilar e fui contratada por uma agência que ficava em outra cidade, onde fui morar sozinha. Infelizmente, não tive sorte, me envolvi com pessoas inescrupulosas. Acabei me prostituindo e me drogando. Tornei-me dependente. Até desfilava de vez em quando, mas era mesmo uma prostituta de luxo. Ganhava bem, mandava algum dinheiro para meus pais e gastava muito com tóxicos. Um dia, na recepção encontrei algumas jovens, com suas mães, esperando para serem atendidas, tive pena delas e lhes falei o que era de fato aquela agência. Uma dessas mães foi à polícia, que foi ao local, olhou tudo, mas não deu em nada. Descobriram que fora eu quem falara e, em represália, resolveram me castigar para dar exemplo a outras. Prenderam-me no meu quarto, me amarraram na cama e me aplicaram uma dose excessiva de cocaína. Fiquei apavorada, não queria morrer, mas sim afastar-me daquele grupo, fazer um tratamento para me livrar do vício. Foi uma agonia esperar a morte. Senti-me dormir e desencarnei. Fui socorrida, vim para cá e me recuperei, como queria. Meus pais levaram um susto ao saber que desencarnei e que era viciada. Meu pai separou-se de minha mãe, conseguiu a guarda de minha irmã, com medo de que ela fizesse com minha irmãzinha o que fizera comigo. Mamãe agora está sozinha e tem muito remorso. Eu não a culpo. Ela queria que eu fosse modelo, trabalhasse honestamente, mas foi imprudente, não escolhendo um lugar decente.*

Monique falou bastante de sua infância, da irmã, que também era muito bonita; sentiu-se aliviada por ter nos contado o que lhe aconteceu. Agradeceu-nos por a escutarmos, despediu-se e foi para seu quarto. Ulisses e eu continuamos sentados.

— *Ela arriscou a vida para alertar outras jovens!* — exclamei.

— *Por isso ela foi socorrida assim que seu corpo físico morreu. Impediu que outras garotas se envolvessem com as drogas e a prostituição e também recebeu esse auxílio porque queria largar o vício* — concluiu meu colega.

Marina aproximou-se e sentou no banco ao nosso lado.

— *E aí, garotos, que estão achando dos nossos queridos recuperados?*

— *Acabamos de ouvir Monique* — respondeu Ulisses. — *Estou chateado! Que coisa! Será que ninguém fará nada para conter as drogas? Será que Deus não nos mandará pessoas que irão corrigir essa barbaridade? Que trabalhem para isso com mais resultados? Os traficantes agem como se Deus não existisse ou como se não estivessem na Sua presença.*

Marina calmamente nos elucidou:

— *Meu jovem, em muitas circunstâncias podemos questionar, como você está fazendo agora. Quando fui pela primeira vez ao umbral, fiquei muito triste. Compreendi que a zona umbralina existe porque tem quem a habite. E que lá a permanência é temporária. E que temos nas religiões da Terra os ensinamentos para sermos bons e evitarmos o mal. E que cabia a mim, somente a mim, fazer alguma coisa. Não poderia socorrer, ajudar a todos, mas o pouco que conseguisse fazer, um ou dois que auxiliasse, faria diferença para estes. Que adianta pedir para outros fazerem? Faça algo! E foi pensando assim que resolvi ajudar os toxicômanos desencarnados. Temos abrigados neste hospital uma pequena porcentagem, mas sempre penso que, para os que foram socorridos aqui, essa ajuda foi benéfica. Só reclamar, criticar, não leva a nada, e querer, exigir que outra pessoa realize algo, é comodismo. Faça você, por pouco que seja. Se ajudar uma pessoa, você concedeu a esta o auxílio que a modificou, que a tirou das dificuldades. Sabemos que, pela ganância de muitos, os tóxicos estão se expandindo.*

Mas há quem faz uso deles, os imprudentes que não escutam, que não atendem e não querem compreender que as drogas são veneno. Esse tráfico somente existe porque há quem as consome. Não exija de outros o que você pode e deve fazer.

Marina fez uma pausa, olhou-nos com carinho e continuou a nos esclarecer:

— Ulisses, a presença de Deus é a mesma em todos nós. O que faz com que a presença do nosso Pai Criador transpareça com mais beleza e eficiência ou, então, em pobreza e negatividade é o esforço que cada um faz para mais ou para menos. Exemplo de que não há preferência de Deus em seus filhos. É só observarmos as lâmpadas e motores elétricos do Plano Físico: todos recebem da usina a mesma energia e cada um a utiliza de acordo com seu potencial atualizado. No homem, a divindade deu a oportunidade de cada um realizar algo pelo próprio esforço. Portanto, podemos amenizar o sofrimento alheio, mas não temos a possibilidade de mudar o indivíduo; essa mudança somente acontecerá se ele cansar de seus vícios e erros, e a dor é um instrumento que cansa demais. Prudentes são os que em todos os momentos e situações agem conscientes da presença de Deus!

Compreendemos a lição recebida. Ulisses suspirou e agradeceu, emocionado:

— Obrigado!

Ficamos o dia todo no jardim, conversando com os abrigados que estavam melhores. Escutá-los é uma terapia para eles. Terminado nosso turno, Maria Laura nos acompanhou até o alojamento. Edu ficou por mais tempo. Teria de ficar por mais duas horas para cuidar de Lauro no hospital.

Conversamos um pouco e fomos descansar. Fiquei pensando no que Marina havia dito. Lembrei-me de minha avó. Ela estava sempre rezando, pedindo a Deus operários para sua seara.

Lembro-me de que uma vez meu pai perguntou a ela: — Mamãe, a senhora ora tanto a Deus que mande trabalhadores para a seara, mas por que a senhora não faz alguma coisa de bom em vez de orar tanto? Vovó respondeu: "Como eu? Não sou capaz! O operário do Criador tem de ser alguém especial!" Certamente vovó se julgava incapaz, mas muitas pessoas como ela acham mais fácil pedir para que outros façam. Compreendi que, se cada um fizesse um pouquinho, este pouco se tornaria suficiente. E que infelizmente é mais cômodo querer que outros o façam. Somos capazes de conceder uma pequena ajuda. Todos nós devemos ser servos e fazer além do que nos foi ordenado. Não deixem a capacidade de ser útil sem uso. Tudo o que não é utilizado estraga, enferruja, e, quando temos algo em nós estragado, isso nos causa sofrimento. Sei que muitos nem servos são ainda, querem ser servidos, e quem é servido é necessitado. Outros são servos, mas fazem o que é sua obrigação. Mas Deus quer mais de nós, que sejamos bons servos em tempos propícios e nos não propícios. Sejamos sempre úteis, e quem não sabe ser deve aprender. Quem procura acha um modo de fazer o bem. E quem faz não tem tempo para criticar. Se não cabe a nós, no momento, corrigir, ensinar, então não devemos nos importar com a maneira de o outro trabalhar. Lembrei-me de uma frase importante para mim: "Que importam os outros, siga você a Jesus! Ou faça algo útil!"

No segundo dia, entramos nas enfermarias. É grande essa parte do hospital. Infelizmente, são muitos os que desencarnam dependentes. Os tóxicos são veneno mesmo! Acabam com o físico e prejudicam muito a vestimenta espiritual. Vimos os cinco que socorremos; cuidamos deles e conversamos com eles. Vimos também o que havia sido orientado na sessão de desobsessão, no centro espírita; ele continuava como lhe havia sido recomendado. Porém, não se consegue ficar livre de atos imprudentes. Ele sofria com o remorso, lamentava ter se envolvido com as drogas. Tinha um medo terrível dos tóxicos. Às vezes, perturbava-se e não sabia quem era. Com passes e tratamento, melhorava. Ia demorar meses para se sentir recuperado.

As enfermarias são muito organizadas, arejadas, umas com mais leitos que as outras. Na maioria, têm quadros lindos nas paredes e flores pelas mesas.

No quarto dia, ao entrarmos num dos quartos com oito leitos, um interno falava sem parar. Maria Laura nos chamou para observar esse jovem e tentar orientá-lo. Quando percebeu que íamos escutá-lo, ele disse com mais calma:

— *Ajudem-me! Vocês são boas pessoas! Certamente podem muito perante Deus. Peçam a Ele que me auxilie!*

— *Podemos nós mesmos ajudá-lo. Deus, nosso Pai, deixa que um filho Dele auxilie outro. Diga-nos o que quer* — falei.

— *Fui imprudente! Vivia reclamando e me envolvi com as drogas e vim a morrer, ou seja, desencarnei por elas. O tóxico me matou! Agora entendo quanto gostava da minha vida. Arrependo-me e quero voltar à Terra. Estar encarnado!*

— *Quando você estiver bem, poderá pedir para reencarnar* — disse Larissa.

— *Não! Quero voltar no meu corpo, na minha casa, com meus pais. Assim eles não sofrerão mais por mim. Eu prometo fazer tudo certinho. Ficarei longe das drogas* — rogou ele.

— *Meu jovem* — Maria Laura tentou fazê-lo entender —, *isso é impossível! Seu corpo material já se decompôs, voltou à natureza. Você não poderá, pelo remorso, apagar os acontecimentos, mudar os fatos. Seu arrependimento deve lhe dar forças para se modificar, aproveitar a oportunidade que está*

O DIFÍCIL CAMINHO DAS DROGAS

tendo aqui e aprender a ser útil para progredir. É esse auxílio que necessita, que temos para lhe dar.

— *Vocês não poderão me ajudar?* — perguntou ele, suspirando, tristemente.

— *Como não? Está recebendo o melhor auxílio que é possível* — falou Ulisses.

— *Às vezes não pensamos nas consequências dos nossos atos imprudentes, em como eles nos causam reações* — disse Ricardo.

— *Você tem razão* — concordou ele. — *Sofri, sofro e, pior, fiz padecer os que me amavam. Que tristeza! Não quero isso! Queria estar encarnado, dormindo no meu quarto, junto de meus pais. Sinto falta até das broncas de minha mãe. Queria tanto estar encarnado!*

Chorou, e tentamos consolá-lo. Ele sofria; o arrependimento é uma dor muito grande. Saímos da enfermaria, e no corredor Carla perguntou à nossa instrutora:

— *Maria Laura, por que esse abrigado sente-se assim?*

— *O que se passa com esse jovem acontece com muitos outros que abusaram do físico e desencarnaram antes do previsto. Esse moço ia ficar muitos anos encarnado, fez sua mudança de plano por imprudência e sente muita falta de tudo o que desfrutava. Muitos suicidas sentem um grande desespero por isso. Porém, eles terão de aprender a viver sem o invólucro material, aqui na espiritualidade.*

— *Tomara que eles aprendam a dar valor a todas as fases da vida, a encarnada e a desencarnada* — desejou Ricardo.

— *Quem não aprende pelo amor, o faz pela dor* — filosofou Ulisses.

— *Como um ato impensado causa sofrimentos!* — lastimou Larissa.

— *Esse jovem tinha tudo para estar bem, encarnado. Família, corpo sadio, inteligência, mas, imprudente, se envolveu com tóxicos e destruiu tudo* — opinou Edu.

— *Ainda bem que temos sempre novas oportunidades* — falei.

— *Mas às vezes não será como antes. Quem abusou de um corpo sadio poderá reencarnar num deficiente, quem não deu valor à família poderá renascer na Terra sem uma* — disse Carla.

— *Isso dependerá muito de cada um* — explicou Maria Laura.
— *Esse jovem irá demorar para reencarnar. Terá oportunidade de aprender muito por aqui. Agora, vamos continuar com nossas visitas.*

As enfermarias onde estão os que mais exigem cuidados têm muitos leitos. É um local onde é preciso se esforçar para não ficar triste. Muitos dos internos têm crises por falta das drogas, outros têm pesadelos horríveis. A maioria não consegue sequer sair dos leitos e tem os hábitos do corpo físico muito presentes. E a recuperação depende de vários fatores, principalmente da vontade deles; uns o fazem rápido, outros demoram mais.

Foi muito proveitoso para nós esse estágio nessa parte do hospital.

QUINZE

Ficávamos dezoito horas diárias no hospital e tínhamos livres as outras, que passávamos juntos, comentando sobre o que tínhamos visto e descansando. Edu ficava trabalhando por mais duas horas; quando se reunia a nós, estava quieto e cansado.

Os sete dias passaram rápido e chegou o término desse estudo. Fomos para uma das salas de reunião na parte da frente do hospital, para encontrar com Maria Laura. Edu não estava conosco.

— *Maria Laura está atrasada!* — observou Ricardo.

Nisso, vimos na lousa da sala um recado de nossa instrutora dizendo que ia se atrasar vinte minutos e fizéssemos o favor de esperá-la. Ficamos conversando. Eu ia me separar do grupo, como também alguns deles. Ulisses ia para a colônia de estudo; queria fazer medicina e um dia trabalhar com Maria Laura, com toxicômanos. Larissa ia voltar à escola, e o restante continuaria um estudo complementar sobre o Plano Espiritual.

— *Que você irá fazer, Rosângela?* — perguntou Carla.

— *Vou para A Casa do Escritor; trabalho atualmente com a literatura edificante* — respondi.

Maria Laura e Edu chegaram. Nossa instrutora pediu desculpas pelo atraso, e Edu explicou:

— *Fomos levar Lauro para o abrigo da chácara, para junto do Grupo Esperança. Tive uma grande lição! Somente devemos ficar responsáveis por alguém quando temos certeza de que daremos conta da tarefa. Achei que Lauro iria querer o que tínhamos para oferecer, que era uma questão de oportunidade. Trouxe-o para o hospital, trabalhei mais por isso e teria feito mais ainda se tivesse obtido resultados. Mas ele reclamava de tudo o tempo todo. Exigia e, quando eu não podia realizar o que ele queria, falava o que eu tinha de fazer, já que o trouxera para cá. Passou a agir como se fosse eu que recebesse um favor, e não ele, e como se eu tivesse obrigação de cuidar dele. Queria ser servido, e bem servido. Era inconveniente com os outros trabalhadores do hospital. Achei que em sete dias ele teria se adaptado, pensei até em adiar meus estudos e ficar mais tempo aqui, porém deduzi que não ia adiantar. Maria Laura e eu decidimos conversar com Lauro explicando a situação, e ele nos disse: "Não pedi para vir para este lugar chato! Você que me trouxe e agora quer me deixar aqui?" Resolvemos levá-lo para a chácara.*

— *Lá* — disse Maria Laura —, *ele ficará se quiser. Talvez, sentindo essa responsabilidade, ele fique e dê valor. Senão, poderá sair e voltar para junto das companhias antigas. Saberá, porém, que existe outra forma de viver. Espero que, ao não ter ninguém em especial para se preocupar com ele, Lauro fique mais maduro e se esforce para fazer o melhor para si mesmo. Estou me lembrando agora, meus jovens aprendizes, de uma tia minha. Ela era uma pessoa simples e dinâmica. Dizia sempre para nós, seus sobrinhos: "A ajuda que fazemos ao próximo tem de ser na medida certa de sua necessidade. O auxílio deve ser como a água que temos e devemos doá-la conforme o recipiente do pedinte. Se a pessoa necessitar de um copo, devemos doar um copo. E prestemos atenção, se temos água para doar e o necessitado não a quer, não devemos dar, porque ele não lhe dará valor, não está com o recipiente preparado para recebê-la. E se temos a água, é porque trabalhamos para isso, e o outro quase sempre poderia obtê-la com o trabalho, mas às vezes acha mais fácil pedir. E quando damos, não devemos dar a mais, porque esse excesso pode ser desperdiçado. É muito importante ensinar quem pede a pegar água para si, para sua necessidade, como também orientar quem a recebe a dar valor a isso e a ser grato. Devemos ficar atentos aos que recebem para que não fiquem acostumados, porque há momentos para receber e outros para doar".*

— Maria Laura, seu trabalho é ser instrutora neste estudo? — perguntou Larissa.

— Recebo sempre grupos de estudo; depois de amanhã receberei uma equipe de cinco adultos que querem conhecer mais sobre este assunto. Faço sozinha os socorros mais difíceis e trabalho muito no hospital. Estou bem com os resultados obtidos. — Nossa instrutora de fato estava contente com seu trabalho.

— Espero que todos os que estão abrigados no hospital saibam dar valor a esse abnegado trabalho — desejou Larissa.

— É isso o que queremos, que todos se recuperem, melhorem e tenham um propósito de servir, ser úteis. Mas agora quero ouvir a opinião de vocês sobre este estudo. Comece você, Rosângela — pediu Maria Laura.

Não me fiz de rogada e dei minha opinião:

— Gostei muito deste curso, penalizei-me com os sofrimentos que os tóxicos causam, mas me tranquilizei em saber que muitos encarnados e desencarnados estão empenhados em ajudar os que por imprudência se envolvem com as drogas. Fiquei impressionada com a coragem de Isabela, que disse não às drogas. E, por isso, se afastou do namorado, das amigas. "Estou fora", disse ela, e foi uma atitude sábia, que evitará muitos sofrimentos para ela. Se ela fez isso, outros poderão fazer. É somente ser corajoso! E se amar, querer o melhor para si mesmo. Fiquei fã dessa garota! Nas minhas folgas, vou pedir para visitá-la, ajudá-la se for possível. Isabela será, sem dúvida, uma garota feliz! Para mim foi também muito importante o estudo teórico dado pelo professor Gabriel; ele falou bastante das inúmeras causas que levam o indivíduo ao vício. Disse que todos nós já tivemos muitas encarnações e que há espíritos que se saturaram de prazeres nessas reencarnações, se exaurindo, e ao ter novamente a oportunidade de estar no invólucro físico já o fazem saturados, porque uma existência voltada somente para o prazer traz insatisfação e um vazio dolorido. E, para preencher esse vazio, alguns apelam para a distração, que muitos encontram no álcool e nas drogas. Poderiam voltar-se para o bem, dedicar-se e ser úteis, mas, acostumados a facilidades, se envolvem com vícios. Para uma boa parte dos dependentes, os tóxicos preenchem esse vazio, essa insatisfação. Outras pessoas buscam as drogas para fugir, não têm coragem de enfrentar a realidade da competição que existe no plano material. Outros sonham e não conseguem realizar esses sonhos, desejos, e acabam se envolvendo no mundo das drogas. E, ainda, há os que não têm coragem de dizer não; são os medrosos, inseguros, acabam por entrar nessa bobeira que traz sofrimentos.

Ulisses deu sua opinião:

— *Fiquei muito contente por conhecer mais sobre esse assunto, queria ter feito este curso com mais tempo. Concordo com Rosângela, há pessoas que buscam uma satisfação interior e acabam confundindo-a com as ilusões materiais. Em vez de buscar a realização no trabalho edificante, no conhecimento pelo estudo ou na religião, os imprudentes buscam coisas nocivas. Acho que muitos jovens insatisfeitos buscam nos tóxicos um refúgio e se dão mal. Se todos nós fizéssemos um pequeno ato para ajudar nesse campo, os resultados seriam maiores. Compreendi que temos o nosso livre-arbítrio e que muitos não sabem usar essa liberdade e acabam prisioneiros dos vícios. Drogas, usa quem quer, porém não podemos fugir da responsabilidade de nossos atos. Maria Laura, não vimos em nossas excursões os que foram traficantes? Que acontece com eles aqui no Plano Espiritual?*

— *Cada caso é um caso* — esclareceu Maria Laura. — *Essa frase é muito dita aqui na Espiritualidade por acontecer realmente isso. Se a pessoa que traficou se arrependeu, se o arrependimento for sincero, pode receber o socorro, e ela, abrigada, aprenderá e terá oportunidade de reparar seus erros. Se não se arrependeu, poderá, ao desencarnar, ir ter com seus afins, ser um morador do umbral, continuar por mais tempo cometendo erros e maldades. Ou inimigos dela poderão pegá-la para uma vingança. Tenho visto desencarnados que traficaram sofrer muito na zona umbralina. O tráfico é um erro em que se prejudicam muitas pessoas. E quando se é causa de sofrimento de alguém, a ação é grave e o retorno, doloroso. Não fica impune quem prejudica os outros, e a droga causa danos, trazendo muita dor. Como em todas as ações erradas, um dia teremos de resgatar isso, seja reparando-as, anulando-as pelo trabalho no bem ou pelo sofrimento. O traficante padece muito!*

— *Fala-se muito que usuários sofrem preconceitos, mas não vi isso* — comentou Ricardo.

— *Claro que há!* — exclamou Larissa.

— *Não devemos confundir preconceito com prudência* — lembrou Edu. — *Muitas vezes os pais não deixam os filhos ter amigos usuários de drogas com medo de que eles possam se tornar também e impedem ou são contra namoros pelo mesmo motivo. E às vezes é o próprio jovem que não quer amizade com um dependente por não se afinar com seu modo de ser. Vimos que a maioria dos dependentes tem envolvimento com pessoas e situações perigosas e tem atitudes imprudentes que não são do agrado dos que não querem usar tóxicos. Agora, aqui no Plano Espiritual , sinto-me quase pronto para conviver com toxicômanos e ajudá-los. Quando encarnado não queria essa convivência, tinha até medo deles. Não era preconceito, é que não gostava das atitudes deles, não me afinava mesmo com nada do que faziam.*

— *E muitas vezes sofre discriminação quem não quer experimentar drogas* — opinou Ulisses. — *Quando encarnado, eu estudava e trabalhava, como já lhes falei. Morava num bairro de classe média. Havia uma turminha na minha rua que pensava diferente de mim, achava que eu era careta, certinho demais; onde eles me viam, me ofendiam. Sofri com o preconceito! Alguns deles começaram a usar drogas e fizeram pressão sobre os outros; quase toda a turma tornou-se dependente. Chegaram até a ameaçar me bater, eu tinha de levantar mais cedo para ir ao trabalho, e muitas vezes minha mãe me buscou na saída da escola. Alguns dos meninos da turma se envolveram com tóxicos por não ter coragem de dizer não. Existe preconceito de usuários contra os que não querem se drogar. Vimos*

O DIFÍCIL CAMINHO DAS DROGAS

a Mariana, a que queria namorar um moço que a aceitaria se ela se drogasse. E Isabela, o namorado e os amigos a pressionaram, a trataram com desprezo; ela sofreu discriminação. Isabela agiu com prudência e não com preconceito.

— Às vezes, a prudência é exagerada e passa a ser preconceito — elucidou Maria Laura. — É perigoso querer ajudar sem saber, sem ter preparo para isso, e muitas vezes, ao auxiliar, a pessoa pode acabar por se envolver. Muitos pais temem isso. Os tóxicos, e também o álcool, atingem, nos usuários, algo muito importante: a liberdade de pensar, de tomar decisões. Tornar-se dependente de algo é privar-se de ser livre. Quando necessitamos de alguma coisa e não podemos ficar sem ela somos dependentes, escravos. Se o indivíduo quer se libertar, se está realmente tentando, precisa de apoio, e aí muitas vezes sofre o preconceito. Às vezes ele recebe o rótulo de viciado, dependente, usuário, privando-se de oportunidades da boa amizade, de um emprego. E muitos, sentindo-se excluídos, não conseguem ter autoestima e voltam às drogas. Eu, quando encarnada, estava segura para lidar com qualquer usuário, mas não sentia isso em relação aos meus filhos: por serem eles jovens e sem experiência, achava que não teriam firmeza para conviver com um usuário e não se envolver. Proibia qualquer aproximação entre eles e um viciado, mas teria deixado se fosse um ex-dependente. Devemos dar sempre apoio aos que querem se regenerar. Não se deve ter preconceito contra os que abandonaram um vício.

— *Posso agora dar a minha opinião sobre este estudo?* — perguntou Ricardo. Com o consentimento da nossa instrutora, ele continuou: — *Eu gostava de estudar e acho fabuloso poder continuar aprendendo aqui na Espiritualidade. Sempre me entristeci com as dificuldades que as drogas causam, porque têm problemas quem as usa e seus familiares.*

Os garotos que vivem nas ruas muitas vezes não têm família, mas criam problemas aos outros, causam sofrimentos, porque muitos, para obter as drogas, roubam, assassinam. É bem mais triste ver que esses padecimentos aumentam entre aqueles que têm o corpo físico morto. Dá muita pena ver aqui, no Plano Espiritual, os desencarnados que foram usuários. É bem certo este famoso ditado: "É melhor prevenir que remediar". É melhor não se envolver com os tóxicos, pois é bem mais fácil prevenir que deixá-los. Por isso, se eu pudesse falar... Talvez um dia possa, e aí direi: — Não se envolva com tóxicos! Drogas, estou fora! Não se prejudique! Viva a vida com alegria e longe das drogas! Estar encarnado é uma bênção. Ame-se e não queira sofrer! São frases muito faladas, sei disso, e são sábias. Acho seu trabalho, Maria Laura, muito proveitoso, admiro você e todos os que auxiliam o próximo. Muito obrigado a você, e também agradeço aos meus colegas de curso. Foi muito bom conhecê-los e aprender trabalhando.

— O prazer foi meu, por estar com vocês. Dê a sua opinião, Carla — pediu nossa instrutora.

— Eu tinha muita curiosidade de conhecer mais sobre os tóxicos. Ficava imaginando o que acontecia com os dependentes quando estes desencarnavam. Agora que vi alguns, cheguei à conclusão de que sofrem mais. A grande justiça divina é que o término desse sofrimento depende muito deles mesmos. Percebi também que orações pelos que sofrem ajudam muito e que pedidos de auxílio não ficam sem respostas. Os afetos desses desencarnados, que se preocupam e pedem por eles, têm você, Maria Laura, e muitos outros, que vão até o alvo do pedido e tentam ajudar. Entendi por que muitos não podem ser socorridos, mas foram visitados e serão novamente, até que um dia terão o socorro. A primeira vez que fui ao umbral, vi uma moça que repetia: "Tenho de pedir socorro, tenho de pedir perdão! Vou aceitar o que bons amigos têm para me

oferecer. Vou ser grata!" Foi socorrida e nosso instrutor nos explicou que ela repetia o que a mãe, em oração, lhe recomendava. Meus pais também me mandavam recados quando fiz a minha mudança de plano, eles tinham certeza de que estava bem e recebia as preces: "Carla, minha filhinha, fique bem! Seja feliz! Conheça os lugares bonitos por aí! Não se preocupe conosco; embora saudosos, nós a amamos e queremos que fique bem!" Meus pais ganharam de presente o livro da Patrícia Violetas na janela[1] e tentaram fazer o que os pais dela fizeram. Isso foi maravilhoso! Ajudou-me muito. Obedeci e aqui estou, aprendendo e, melhor, sendo útil. Concluí que afetos auxiliam muito!

— Você gostou do nosso estudo? — perguntou Maria Laura.

— Muito, muito e muito! — afirmou Carla.

— Eu também gostei bastante! — exclamou Larissa. — Embora tenha ficado com medo em certos momentos. Não acho agradável ver desencarnados maldosos. Quero e vou superar isso! Sei que eles são meus irmãos, e orientá-los é muita caridade. Entristeci-me ao ver desencarnados deformados, transformados; isso, por terem prejudicado muito o físico, terem abusado do livre-arbítrio. E os tóxicos deformam. Mas ficar com dó e não fazer nada é infrutífero; por isso gosto do estudo aqui: a prática reforça o que se aprende. E mais do que nunca se faz necessário deixar de ser servido para ser servidor. Fazer, em vez de querer receber. E que esse fazer não seja para o futuro, e sim agora, no momento presente. O pouco que se faz é o necessário para quem recebe. Se você receber de alguém, siga o exemplo do benfeitor, faça algo de bom a outro, porque o melhor ensinamento, o bem maior que recebemos de um benfeitor é seu exemplo!

— Muito bom! Falou e disse! — elogiou Ricardo.

---

1 N.A.E. *Violetas na janela,* psicografado por Vera Lúcia Marinzeck de Carvalho, do Espírito Patrícia, Petit Editora.

— *Falta eu!* — lembrou Edu. — *Também quero dar minha opinião. A maior lição que recebi neste estudo é que não devemos dar trabalho para os outros. Quando quisermos ajudar, façamos nós mesmos! Eu fiquei com dó de uma pessoa e a trouxe para o hospital. Está certo que me dediquei, mas quis que outros fizessem por mim. E tenho notado que esse fato acontece muito. O certo é você fazer; se não sabe, aprenda. Faça você! Amei estar com vocês, alegro-me em ver que são muitos os dependentes que se recuperam. Chorei de emoção ao assistir a um encontro da irmandade dos Narcóticos Anônimos. A fraternidade de um auxiliando o outro e, juntos, vencendo. Um dia sem drogas! Como isso é importante! Só por hoje! E vão passando os dias, as semanas, os meses e pronto: está recuperado! É muito gratificante para eles se esforçar e se recuperar. Porém é bem melhor não se envolver. Dizer não às drogas é dizer não ao sofrimento, a muitas dificuldades! E acredito que essas campanhas que os encarnados fazem terão resultados. Ame-se e não se drogue!*

Emocionamo-nos na despedida, abraçando-nos com carinho. Voltei aos meus afazeres com novos conceitos e com muita vontade de fazer algo para ajudar os dependentes químicos. Alertar os jovens encarnados para que digam, quando convidados a experimentar tóxicos: "Drogas, estou fora!" E nunca vou me esquecer das últimas palavras de Maria Laura, de sua derradeira orientação:

— *Passem estes conhecimentos a outros e ajudem como foram ajudados. Façam em vez de receber, pois é fazendo que podemos dizer um dia: "Fiz, aprendi a amar realizando o bem!"*

Ao terminar a leitura deste livro, talvez você tenha ficado com algumas dúvidas e perguntas a fazer, o que é um bom sinal. Sinal de que está em busca de explicações para a vida. Todas as respostas de que você precisa estão nas Obras Básicas de Allan Kardec.

SE NÃO FOSSE ASSIM... COMO SERIA?

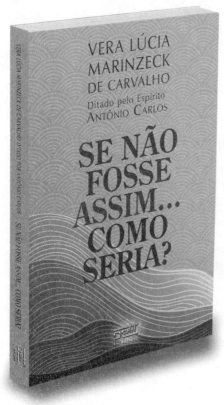

VERA LÚCIA MARINZECK DE CARVALHO
Ditado pelo Espírito Antônio Carlos

Romance | 16x23 cm | 240 páginas

Nesta obra, o autor Antônio Carlos organizou relatos de desencarnados que lamentam o "se" de atos equivocados. São histórias de atitudes que tiveram consequências e que, após o retorno, aqueles que as cometeram lastimaram e pensaram: "E 'se' tivesse sido diferente?". E não conseguem a resposta para "Como seria?". Muitos pensam: "E 'se' não tivesse casado?"; "E 'se' tivesse estudado?"; "E 'se' tivesse ido morar em outro lugar?" etc. Neste livro, não estão narrativas assim, são relatos diferentes, como o de Joana, que fez uma escolha para proteger o filho; Ivonete, que permitiu corrupção; Benedito, que trocou bebês recém-nascidos; Jonas, que não teve coragem de assumir que acreditava na reencarnação. Vocês, leitores, com certeza gostarão muito de ler essas histórias de vida e, por essas leituras, se sentirão incentivados a fazer escolhas certas com sabedoria e amor, para não terem o "se" para incomodar e, assim agindo, fazerem parte, um dia, da turma do "ainda bem".

boanova@boanova.net
www.boanova.net | 17 3531.4444

REPARANDO ERROS DE VIDAS PASSADAS

VERA LÚCIA MARINZECK DE CARVALHO | ANTÔNIO CARLOS

Romance | 16x23 cm | 208 páginas

Ao retornar para o mundo dos espíritos, Maurício e Antônio percebem a extensão de seus erros. Em recente reencarnação, foram médicos ambiciosos. Movidos apenas pelo egoísmo, não mediram esforços para satisfazer seus interesses. Amargamente arrependidos, são resgatados da escuridão e preparados para reparar seus erros. Agora, são dedicados benfeitores de um centro espírita. Aqueles que recebem o benefício de sua ajuda desconhecem, por completo, o quanto esses espíritos erraram até alcançarem a luz... Prepare-se para uma emocionante viagem ao passado de duas almas – perdidas nos delírios das paixões. Descubra por que Maurício e Antônio só despertaram depois de sofrer a consequência do mal que semearam em outros corações...

boanova@boanova.net | www.boanova.net | 17 3531.4444

Av. Porto Ferreira, 1031 | Parque Iracema
CEP 15809-020 | Catanduva-SP

www.**petit**.com.br | petit@petit.com.br
www.**boanova**.net | boanova@boanova.net

 17 3531.4444
 17 99777.7413
 @boanovaed
 boanovaed
 boanovaeditora